사찰음식으로 차리는 건강밥상

박상혜 · 신진수 · 박현자 · 구본신 · 노종희 · 정영실 · 정영정 지음

2008년 12월 19일 1판 1쇄 펴냄
2012년 09월 10일 1판 4쇄 펴냄

펴낸이 마재작
펴낸곳 인디콤
주 소 서울시 마포구 동교동 159-6 파라다이스텔 1111호 (우)121-816
전 화 02.3141.9706
팩 스 02.3141.9702
등 록 2004. 12. 9 제 16-3490호
디자인 마성진
사 진 박동화
출 력 이펙출력센터
인 쇄 삼성인쇄

값 18,000원
ISBN 978-89-961922-0-6 13590

이 책에 실린 글과 사진의 저작권은 저작권자에게 있으며, 서면을 통한 출판권자의 허락 없이
내용의 전부 혹은 일부를 사용할 수 없습니다.

잘못 만들어진 책은 구입하신 곳에서 바꾸어 드립니다.

사찰음식연구소 '공양간'에서 공개하는 우리집 건강밥상 노하우

사찰음식으로 차리는 건강밥상

박상혜, 신진수, 박현자, 구본신, 노종희, 정영실, 정영정 지음

· 이 책 을 열 며 ·

사찰음식으로 밥상을 변화시켜 보세요!

음식을 만드는 공간인 부엌을 사찰에서는 공양간이라고 합니다. 사찰에서는 음식을 준비하고 만드는 일도 수행의 과정으로 생각하므로, 공양간도 법당과 같은 수행의 공간입니다. 그래서 정갈하고 소박합니다. 수행이 꼭 엄격하고 딱딱한 것만은 아니기에, 밥을 짓고 물을 끓이고 불을 때며 분주하게 음식을 준비하는 공양간은 음식이 있어 행복한 공간입니다.

오랫동안 사찰음식을 공부하고 알리는 일을 하면서 어렵게만 느껴지는 사찰음식을 대중화하는 일에 조금이나마 보탬이 되고자 '공양간' 이라는 이름으로 사찰음식연구소의 문을 열고 많은 분들과 만나고 있습니다. 사찰음식을 만드는 행복한 공간이라는 뜻에서 공양간이라는 이름을 지었는데, 여기에 뜻을 모으고 마음을 함께 하는 사람들이 모여 그 인연이 이어져 나가고 있습니다.

요즘 들어 건강에 대한 관심이 높아지면서 사찰음식이 많은 관심을 받고 있습니다. 이제 웰빙, 로하스, 건강, 채식, 자연식, 약선음식과 같은 건강을 상징하는 키워드는 자연스럽게 사찰음식에 닿아 있습니다. 기쁘고 감사한 일이지만 높아진 관심에 비해서 사찰음식은 아직 제대로 알려지지 않고 있습니다.

사찰음식에 대해서는 몇 가지 편견이 있습니다. 몸에는 좋지만 집에서 만들기 어려운 음식, 낯설고 뭔가 특별한 음식, 쉽게 접하기 어려운 음식이라는 생각이 그렇습니다. 하지만 사찰음식은 결코 특별하고 어려운 음식이 아닙니다. 몸과 마음의 수행을 위해 금하는 몇 가지를 빼면 사찰음식 또한 우리 선조들의 지혜와 삶의 철학이 담긴 음식이며, 우리들이 일상에서 즐겨 먹는 음식입니다.

좋은 음식은 우리의 몸이 먼저 안다는 말이 있습니다. 복잡한 세상, 바쁜 일상 속에서 음식에 대해 소홀해지기 쉽고 인스턴트식품과 패스트푸드, 화학조미료와 인공감미료, 자극적인 맛에 길들여진 현대인에게 사찰음식은 꼭 필요한 음식입니다. 사찰음식은 자연 그대로를 담아내는 음식입니다. 자연 그대로를 담고, 자연을 닮아 소박하고 아름다우며 자연의 가르침이 담긴 사찰음식은, 음식은 넘쳐나지만 믿고 먹을 만한 음식이 제대로 없는 현실에서 우리가 알고 가까이해야 할 음식입니다.

　　사찰음식을 가까이하고 사찰음식으로 밥상을 바꾸는 일은 결코 어려운 일이 아닙니다. 무작정 식탁을 사찰음식으로 바꾸자는 것은 아닙니다. 인공감미료 대신 꿀이나 과일 청으로 맛을 내주고, 화학식초보다는 과일을 숙성해 만든 천연식초를 사용하는 등 화학조미료를 천연조미료로 바꾸는 일이 그 시작입니다. 고기로 만든 육수보다는 버섯이나 다시마 등으로 만든 채수로 음식의 다양한 맛을 내고, 맵고 짠 자극적인 음식과 가공식품을 피하며, 일정한 양의 음식을 일정한 시간에 맞추어 먹는 바른 식사법을 실천하는 것도 우리의 밥상을 바꾸는 일입니다. 이러한 작은 실천과 더불어, 이 책에서 소개한 사찰음식들을 하나 둘 우리 밥상에 올리다 보면 우리의 식탁은 어느덧 건강하게 바뀔 것이며, 우리 곁으로 다가온 사찰음식으로 인해 우리의 몸이 순화되는 것을 느낄 수 있을 것입니다.

　　이 책은 다음 카페 '사찰음식을 사랑한 사람들' 과 사찰음식연구소 '공양간' 에서 만나 사찰음식으로 우리의 밥상을 바꾸자는데 뜻을 함께한 사람들이 저자로 참여하였습니다. 7명의 저자가 일곱 가지의 주제를 가지고, 가정에서 손쉽게 만들어 먹을 수 있는 사찰음식을 개발하여 소개하고 있습니다. 여기서 소개하는 105가지 사찰음식은 전통적인 사찰음식의 기본을 따르면서도 현대인에게 맞는 음식법으로 재구성하여, 조금은 다르게 변화를 준 음식들입니다.

　　다소 부족하고 더욱 정진해야 할 부분이 많지만 사찰음식으로 우리의 밥상이 건강하게 변화되길 바라는 마음에서 이 책을 펴내게 되었습니다. 자연의 이치가 담겨져 있는 사찰음식을 우리들 곁으로 가까이 다가오게 하고 싶은 것이 저희의 소망입니다. 이러한 저희의 뜻이 조금이나마 반영되어 자연 건강음식인 사찰음식이 우리의 밥상을 아름답고 건강하게 바꾸어 독자 여러분의 건강한 삶을 가꾸는 일에 작은 도움이 되길 소망합니다.

2008년 12월
사찰음식연구소 공양간에서

박상혜 · 신진수 · 박현자 · 구본신 · 노종희 · 정영실 · 정영정

추천의 글

웰빙 음식이 부각되고 있는 오늘날, 사찰음식은 채식 중심의 건강식으로서 많은 사람들의 관심을 불러일으키고 있습니다. 그 이유는 먹거리의 풍요 속에서 살아가는 현대인들이 어디에서나 쉽게 음식을 구할 수 있지만, 자연의 흐름을 거스르는 인스턴트식품, 냉동식품 등의 홍수 속에서 건강한 삶을 영위할 수 없기 때문이라고 할 수 있지요.

사찰음식은 자연과 함께 생활하고 자연이 길러내 준 자연과 하나 된 음식이라고 할 수 있습니다. 이것은 바로 다섯 가지의 양념 즉, 오신채가 들어가지 않고 인공조미료를 쓰지 않기 때문에 음식을 조리하는 사람의 손맛과 정성이 그대로 담겨져 있으면서, 동물성 식품을 허용하지 않는다는 점에서 생명존중의 음식이라고 말할 수 있습니다.

또한 음식이란 단지 배를 채우기 위한 물질을 넘어서서 우리의 삶을 건강하고 풍요롭게 해주는 가장 중요한 삶의 일부라고 할 수 있습니다. 이러한 점에서 사찰음식은 육체적 건강과 불살생의 생명존중을 통해 정신적 건강까지도 함께 완성하려는 가장 생태적이고 이상적인 불교음식이라고 할 수 있답니다.

육류의 과다섭취, 인스턴트식품, 패스트푸드의 범람으로 인해 아동과 청소년의 비만 문제가 심각한 사회문제로 대두되고 있는 이 시대에 사찰음식연구소 공양간의 소장으로 있으시면서 사찰음식연구를 하고 계신 공덕심보살과 함께 그의 수제자들께서 좋은 먹거리와 함께 사찰음식의 정신이 담긴 책을 출판한다고 하니 무척 기쁜 일이라고 생각이 듭니다.

요즘 제일 고민을 많이 하는 비만한 아동과 청소년에게 도움이 되는 사찰식 자연 먹거리와 사찰식 약선음식이 만들기 쉽게 책에 수록되어 그 또한 기쁜 일이라고 생각이 듭니다. 사찰음식은 가족의 건강을 지켜줄 좋은 음식이면서 가정에서도 쉽게 조리할 수 있는 손쉬운 요리법으로 만들 수 있는 건강식입니다.

불살생의 원리에 입각하여 만들어진 사찰음식을 통해 가족의 건강과 생명에 대한 존중과 자비의 정신을 함양할 수 있도록 했으면 합니다.

축서사 문수선원장 무 여

추천의 글

세상의 변화와 더불어 우리의 식생활도 급속도로 변화하고 있습니다. 우리나라의 외식산업은 1970년대 자장면과 돈가스에서 80년대는 치킨과 햄버거로 대표되는 패스트푸드, 90년대 이후로는 외국계 브랜드에 의존한 패밀리 레스토랑과 씨푸드레스토랑 등이 외식산업을 주도하고 있다고 해도 과언이 아닐 것입니다. 그럼 2010년대를 주도할 음식은 어떤 음식일까? 많은 사람들이 궁금해 합니다. 저는 그 답을 웰빙(well-being)음식에서 찾아야 한다고 생각합니다.

사찰음식은 가장 대표적인 웰빙음식이라 할 수 있으며, 웰빙음식을 넘어 로하스(Lohas), 디톡스(Detox) 음식이라고 표현하는 것이 더 정확할 것입니다. 음식을 통하여 질병을 예방하고 치료하는 음식이 바로 사찰음식입니다. 최근에 서구화된 음식으로 인하여 많은 청소년들이 비만에 시달리고 이에 따른 사회적 비용이 많이 발생하고 있습니다. 이런 시점에서 자연과 건강을 중시하는 사찰음식의 중요성이 더 깊이 새겨지고 있습니다.

마침 박상혜님과 뜻을 같이하는 분들이 우리의 몸과 마음을 다스려 줄 수 있는 사찰음식 책을 펴낸다고 하니 기쁜 마음입니다. 이 책의 대표저자이신 박상혜님은 혜전대학 재학시절에도 자신만의 확실한 색깔을 지닌 요리에 심취하여 밤이 새는 줄 모르고 만들던 열정적인 학생이었습니다. 이후 자연음식과 사찰음식을 연구하고 널리 알리는 길에 나서면서 그 열정과 자신감을 잃지 않고 더욱 정진하고 있기에 항상 지켜보며 박수를 보내고 있습니다. 그러기에 이번에 출판되는 사찰음식 책에 대하여 관심과 애정이 깊어지며, 이 책이 우리 가족과 자녀들의 건강을 지키는 지킴이가 되었으면 합니다.

혜전대학 호텔조리외식계열 교수 / 관광경영학박사
(사)조리기능장려협회 명예회장

강 병 남

· 차 례 ·

Part 1.
사찰식 절임음식

밥상 위의 보약 **열무장아찌** · 15
이것이 진정 강원도의 향 **곤드레장아찌** · 17
정말 감자야? **감자장아찌** · 19
이놈이 무엇에 쓰는 물건인고? **울외장아찌** · 21
요거! 고기네 **표고버섯된장장아찌** · 23
향이 정말 좋아요 **곰취장아찌** · 25
살아있는 고기 **산더덕장아찌** · 27
입맛 살려주는 **차조기장아찌** · 29
다섯 가지의 힘 **오가피장아찌** · 31
곱게 채 썰어 무쳐 먹으면 좋은 **무장아찌** · 33
밥도둑이네 **백일송이버섯장아찌** · 35
고소함이 최고 **두부장아찌** · 37
이름도 희한하네 **총알버섯장아찌** · 39
한 장 두 장 **깻잎장아찌** · 41
아삭이는 맛이 최고 **매실장아찌** · 43

Part 2.
사찰식 건강간식

엄마 내 생일날에도 **대추견과류케익** · 47
꼭 고기 같아요 **새송이초밥** · 49
머리가 좋아지는 **삼색강정** · 51
부처님도 드셨데요 **연자호두찜케익** · 53
또 먹고 싶어요 **영양호박밥** · 55
쫄깃쫄깃 **건강찹쌀떡** · 57
또 주세요 **복분자배숙** · 59
건강해져요 **밤호박쥬스** · 61
엄마와 함께 만드는 **쑥갓경단콩국** · 63
머리가 좋아져요 **검은깨팥죽** · 65
다이어트에도 좋은 **메밀강정** · 67
나 닮아 이쁜 조랭이떡 **자두범벅** · 69
고소함이 최고 **잣경단** · 71
도시락으로 최고 **흑미영양콩떡** · 73
한입 물고 **아몬드경단** · 75

Part 3.
사찰식 떡과 음료

스님께 선물해 드리자 **율란** · 79

호호 불면서 마시는 **대추차** · 81

건강에는 최고 **건강약식** · 83

아삭하면서 고소한 맛 **개성약과** · 85

하나도 안 쓰네 **칡식혜** · 87

내가 만든 **쑥갠떡** · 89

호박이 정말 맛있어요 **늙은호박시루떡** · 91

아이들과 함께 만드는 **과일차** · 93

가을의 향취가 가득 **국화화전** · 95

쫄깃쫄깃한 불가의 간식 **연근정과** · 97

녹차와 함께 **삼색다식** · 99

다섯 가지 맛을 느끼자 **오미자양갱** · 101

가을의 향취가 물씬 **호박고지범벅** · 103

한입에 첨벙 **꽃전병** · 105

진시황제도 좋아한 **우엉더덕꿀차** · 107

Part 4.
사찰식 약선음식

몸이 건강해져요 **약선기름-쑥차더덕채볶음** · 111

간장이 아니야 **약선간장-양송이조림** · 113

밥 비벼먹고 싶다 **약선고추장-더덕철판구이** · 115

부드러움이 입안에 **연근 더덕 죽** · 117

약식이 새로운 옷을 입다 **황기 과일 영양약식** · 119

아침에 한 잔 **약초선식** · 121

아삭이는 도라지의 맛 **길경만두** · 123

이 맛에 빠져빠져 **도라지무밥** · 125

국물 맛에 밥 한 그릇 **한방백김치** · 127

산에 나물 뜯으러 가자 **산야초비빔밥** · 129

기력을 찾고 싶으면 **배연근고** · 131

정말 새로운 두부의 맛 **석이버섯두부** · 133

전혀 짜지 않아요 **검정콩조림** · 135

한입에 쏙 **건강콩경단** · 137

국수 말아먹자 **백년초물김치** · 139

Part 5.
사찰식 김치

가을의 별미 **감동치미** · 143

고소함이 입맛을 살리는 **가지지진김치** · 145

밥 한 그릇 뚝딱 **총각무동치미** · 147

어멈아 시루떡 먹자 **백동치미** · 149

깔끔한 맛이 최고 **배추고갱이김치** · 151

입맛 잡아주는 **고들빼기김치** · 153

김치의 기본 **오이소박이** · 155

가을에 담아 겨울까지 **호박물김치** · 157

라면 먹고 싶다 **섞박지** · 159

이번 김장은 내가 **포기김치** · 161

총각무 한입 깨물고 **총각무간장초절임** · 163

아삭아삭 매콤매콤 **오이절임김치** · 165

진정한 사찰의 향기 **고수겉절이** · 167

아이도 잘 먹어요 **사과물김치** 169

밥에 물 말아서 **참외고추장절임** 171

Part 6.
북한의 사찰음식

향기가 코와 입으로 **송이버섯찌개** · 175

김치찌개에 딱! **늙은호박김치** · 177

소풍을 떠나자 **연잎밥** · 179

들기름 향기가 솔솔 **호박오가리나물** · 181

더덕이 고추 옷을 입다 **풋고추더덕김치** · 183

이것이 진정 강원도의 힘 **감자막가리떡** · 185

밥 두 공기는 기본 **곤드레장아찌** · 187

색다른 나물의 맛 **가지구운나물** · 189

버섯이 돌에서 자라다 **석이버섯송편** · 191

할머니의 손맛 **수수부꾸미** · 193

부드러움이 함께 해요 **배추선** · 195

매운맛의 중독 **매운고추야채전** · 197

통일되면 꼭 먹어봐야지 **개성물경단** 199

소나무 향기가 솔솔 **이깔나물버섯볶음** · 201

이쁘게 만들어 이쁜 딸 낳자고 **취송편** · 203

Part 7.
사찰식 천연조미료

진정한 조미료의 기본 **맛기름-느타리버섯볶음** · 207

조선간장의 변화 **맛간장-감자조림** · 209

이건 소금이 아니야 **녹차소금-두부양념구이** · 211

잠이 오지 않을 때 한 잔 **생강청-두부양념조림** · 213

생선요리에도 좋아요 **녹차청-절편야채샐러드** · 215

차로 마셔도 좋은 **채수-도토리수제비** · 217

울 엄니가 정말 좋아해요 **볶은고추장-메밀비빔국수** · 219

한 번 먹고 반한 **경기도식즙장-감자 된장찌개** · 221

우유와 함께 **토마토 식초-당면(쌀국수)샐러드** · 223

코 끝에 사과향이 **사과식초-사찰식요플레** · 225

살 안찌는 마요네즈가 왔다 **두유마요네즈-두부카나페** · 227

새콤한 맛이 날 사로잡다 **사찰식토마토케첩-라면스파게티** · 229

올 여름에는 꼭 만들자 **피자두청-배피클** · 231

조미료 속의 참깨 **흑생강청-백일송이버섯장조림** · 233

절에도 젓갈은 있다 **표고버섯젓갈-말린버섯미역국** · 235

사찰식 천연조미료, 좀 더 알아보자! · 236

일러두기

1. 이 책에 실린 모든 음식은 오신채(五辛菜)를 사용하지 않고 만들었습니다. 오신채는 사찰에서 금하는 마늘, 부추, 파, 달래, 흥거 등 자극성이 강한 다섯 가지 식물을 지칭하는 말입니다. 오신채는 자극이 강해 화를 내게 하고 수행을 방해하기 때문에 예로부터 사찰에서는 금기시 하는 음식입니다.

2. 이 책에서 소개하는 105가지의 사찰음식은 전통적인 사찰음식의 기본을 따르면서도 가정에서 손쉽게 만들어 먹을 수 있도록 현대적인 조리법으로 조금씩 변화를 주었습니다.

박 상 혜

혜전대학 외식조리계열 한식전공 외래교수
조계사 문화복지재단 선임연구원
사찰음식연구소 '공양간' 소장

저서
5000원으로 집에서 만들어 먹는 사찰음식
대한민국 생활중심 김치 백서
야한 요리 맛있는 수다
사찰음식 속에서 배우는 웰빙조리법과 건강

사찰음식의 매력에 빠져 사찰음식이 이 시대의 진정한 먹거리이자 웰빙음식임을 깨닫고, 자연음식과 사찰음식을 연구하면서 많은 사람들에게 건강한 요리법을 전파하고 있는 자연음식 전도사이다. 제철에 나오는 식재료를 찾아 천연의 조미료를 이용한 자연 음식 요리법으로 건강한 식탁을 차리는 방식 등을 다양한 강좌와 저서, 기고를 통해서 많은 이들에게 알려주는 일을 업으로 삼고 있다.

Part 1
사찰식 절임음식

우리나라는 일찍부터 농경문화가 발전하고 자연환경에 맞는 높은 저장기술로 각종 곡류와 두류, 채소류와 어패류를 이용한 절임음식이 발전하였다. 절임음식에 대한 최초의 기록은 고려시대 이규보의 〈동국이상국집〉에서 찾아볼 수 있는데, "좋은 장을 얻어 무 재우니 여름철에 좋고, 소금에 절여 겨울철을 대비한다." 고 하였다. 당시의 절임음식은 소금에 절여 맛이 든 것을 그대로 먹는 장아찌로 지금처럼 양념이 된 것은 아니었다. 이후 고춧가루가 들어오면서 소금으로 담가왔던 절임음식에 다양한 맛과 색을 내주게 된다. 사찰에서는 사찰의 자연적 환경과 종교적 실천으로 인해 자연에서 나오는 채소류를 이용한 절임음식이 유난히 발전하였다. 사찰의 절임음식은 만드는 법이 간단하고 조리과정에서 영양소 파괴가 거의 없으며 맛이 독특하면서도 다른 음식과도 잘 어울려 건강음식으로 새롭게 조명 받고 있다.

밥상 위의 보약

열무장아찌

열무 1단, 꽃소금 1컵, 홍고추 2개, 청고추 3개, 청양고추 2개
양념장 : 간장 ½컵, 조선간장 1컵, 채수 2컵, 생강청 ½컵, 고추씨 1큰술, 조청 ½컵

1. 열무는 꽃소금에 절여서 수분을 빼준다.
2. 수분을 뺀 열무는 한지에 널어서 하루 동안 말려준다.
3. 홍고추와 청고추, 청양고추는 곱게 채 썰어 준다.
4. 조청과 생강 청을 빼고 양념장을 만들어 준다.
5. 만들어진 양념장에 조청을 풀어준 후 한 번 끓여주고, 한소끔 식으면 생강청을 섞어준다.
6. 양념장을 체에 걸러준다.
7. 꾸둑꾸둑 말린 열무에 양념장을 부어 주고 채 썬 고추를 섞어준다.

Tip 밥상 위의 보약, 열무

우리가 아주 흔하게 먹는 열무에는 생각지도 못한 영양소가 많이 들어 있다. 특히 잎에는 다량의 섬유질이 가득 들어 있는 대표적인 알칼리성 식품이다. 또한 비타민 A와 C, 무기질 등이 풍부하기 때문에 피로 회복에도 아주 좋고, 전분 분해 효소가 포함되어 있어 소화 기능이 약한 사람에게 도움이 된다.

Tip 좋은 열무를 한번 골라보자

키가 작아서 조선열무라고 부르고, 잎이 통통하며 무 부분이 날씬한 어린열무를 선택하는 것이 좋다. 열무 하면 일산열무라고 할 정도로 일산에서 재배한 열무를 으뜸으로 쳤다.

사찰식 절임음식

이것이 진정 강원도의 향

곤드레장아찌

곤드레 잎 300g, 볶은 천일염 ⅓컵, 매실청 2큰술
양념장 : 진간장 1컵, 채수 ½컵, 생강청 2큰술, 식초 ½컵, 설탕½컵, 조청 ⅓컵
　　　　말린 사과 2~3쪽, 대추 2알, 통후추 1큰술

1. 곤드레 잎은 흐르는 물에 물기를 빼준다.
2. 곤드레 잎은 천일염에 6시간 정도 절이고 나서 씻어 물기를 빼준다. 이때 절인 물을 버리지 않는다. 나중에 양념장에 섞어 추가 간을 해주는 데 아주 좋다.
3. 식초, 조청을 빼고 양념장을 끓여준다. 이때 대추의 씨는 제거해 주는 것이 좋다.
4. 양념장을 체에 걸러주고 다시 조청을 넣어서 한 번 더 끓여 준 후 한소끔 식으면 식초를 넣어 양념장을 완성한다.
5. 절여진 곤드레 잎을 양념장에 1시간 정도 담갔다가 보관용기에 옮겨 담고 매실청을 넣어서 완성한다.

Tip 곤드레에 담긴 풍부한 영양

강원도 고산 지역의 특산물로 많이 알려져 있는 곤드레 나물은 탄수화물, 칼슘, 비타민 A 등의 영양소가 아주 풍부한 산나물이다. 곤드레 나물은 그 옛날 가난했던 시절 부족한 끼니를 채우기 위해 죽이나 밥에 넣어 푸짐하게 먹었던 구황식물이며 또한, 강원도 사찰의 대표적인 음식이다. 곤드레는 맛이 부드럽고 담백하며 향기가 강하고 씹기가 좋아 씹으면 씹을수록 새록새록 더욱 좋은 맛을 느낄 수가 있다.

사찰식 절임음식

정말 감자야?

감자장아찌

감자 5개, 마른 고추 1개, 산초가루 1작은술, 생강편 2~3장
양념장 : 간장 1컵, 식초 1컵, 설탕 1컵, 매실청 2큰술, 조선간장 ½컵, 채수 1컵
　　　　흑설탕시럽(정종 1컵+흑설탕 ½컵+계피 1조각)

1. 감자는 껍질을 벗겨 바로 냉수에 담가둔다.
2. 감자는 옆에 냉수를 준비해 놓은 상태에서 감자를 곱게 채 썬다.
3. 감자를 냉수에 담가두어 전분 기를 빼준다.
4. 전분 기를 뺀 감자를 키친타월에 올려 물기를 빼준다.
5. 흑설탕 시럽을 만든 후 매실청을 빼고 양념장을 만든다.
6. 양념장에 물기를 뺀 감자채를 넣고 마른 고추와 편 생각을 넣는다.
7. 감자채가 양념에 밸 정도 (약 1시간) 후에 산초가루를 넣고, 계피는 건지고 매실청을 넣어 완성한다.

Tip 감자 장아찌의 다양한 활용

감자 장아찌를 만들 때는 채를 약간 도톰하게 썰어 주는 것이 좋다. 우선 감자 장아찌의 양념장을 꼭 짠 다음 고운 고춧가루, 깨소금, 참기름에 버무려 주면 감자 장아찌 나물이 완성되고, 김밥을 쌀 때 감자 장아찌를 넣으면 우엉보다도 씹는 맛을 더욱 느낄 수가 있어 좋다.

이놈이 무엇에 쓰는물건인고?

울외장아찌

울외 1kg짜리 4개, 볶은 천일염 2컵, 볏짚 적당량
술지게미 2컵(술을 만들고 남은 찌꺼기), 청주 적당량, 설탕 2컵, 녹차 소금 ½컵

1. 울외는 반으로 잘라서 씨를 제거하고, 볶은 천일염을 뿌려주고 물을 자박자박하게 해서 1~2일 정도 절여준다.
2. 이렇게 절여진 울외는 하루 동안 시원한 냉수에 여러 번 행군 뒤 다시 하루를 담가 짠맛을 빼준다.
3. 술지게미와 설탕, 녹차 소금을 청주에 넣고 절여진 울외를 담근다.
4. 이렇게 담가 주고 맨 위에 볏짚을 올려준 뒤 2~3개월 발효시키면 완성된다.

Tip 울외 장아찌의 다양한 활용

울외는 칼륨 함량이 많은 알칼리성 채소로 피부미용과 숙취해소 등에 좋고, 소금에 절여 장아찌를 담그면 새콤달콤하고 아삭아삭하며 맛이 좋아 별미로 꼽힌다. 고추장과 고운 고춧가루, 조청을 넣고 무쳐 먹으면 아주 맛이 좋다.

사찰식 절임음식

요거! 고기네

표고버섯된장장아찌

말린 표고버섯 15~20개, 황설탕 ½큰술, 소금 약간
된장양념장 : 집된장 5큰술, 녹차청 2큰술, 생강청 2큰술, 저염콩된장 2큰술
　　　　　 꿀 1큰술, 다시마 우린 물 ½컵, 표고버섯가루 약간

1. 말린 표고버섯은 씻어서 물에 설탕과 소금을 넣고 담가 부드럽게 불려 물기를 꼭 짠다.
2. 물기를 뺀 표고버섯은 한지나 면 행주를 이용해 수분을 완전히 없애준다.
3. 냄비에 집된장과 저염콩된장, 꿀, 녹차청, 생강청, 다시마 우린 물을 붓고 잘 섞어서 바특하게 조린 뒤, 차게 식힌다.
4. 표고버섯 안쪽에 양념장을 담아 옹기에 차곡차곡 쌓아 담아주고, 남은 양념을 위에 고루 펴주어 완성한다.

Tip 표고버섯된장 장아찌의 다양한 활용

- 장아찌용 표고버섯은 제철에 나오는 표고버섯을 구매하는 것이 향이 좋으며, 크기는 500원짜리 동전만한 것이 제일 좋다.
- 표고버섯된장 철판구이를 한 번 해보자. 철판은 주방용품 코너에 가면 5000원 정도에 구매할 수 있다. 철판에 들기름을 발라 표고버섯된장장아찌를 구워낸 다음 청고추, 홍고추, 통깨를 뿌리면 간단한 철판구이가 완성되고, 와인과 정종에 아주 잘 어울리는 안주가 된다.
- 표고버섯된장 장아찌를 아주 곱게 채 썰어서 고운 고춧가루와 생강채, 통깨, 참기름에 무치면 아주 색다른 무침이 완성된다.

사찰식 절임음식

향이 정말 좋아요

곰취장아찌

곰취 잎 300g
양념장 : 진간장 1컵, 조선간장 ½컵, 채수 ½컵, 생강청 2큰술, 식초 ½컵
　　　　조청 ½컵, 말린 사과 2~3쪽, 대추 2알, 통후추 1큰술

1. 깨끗한 곰취를 준비한 후 맑은 물에 씻는다.
2. 씻은 곰취를 간추려 물기를 완전히 제거해준다. 물기가 많으면 간장과의 비율이 맞지 않게 되어 제 맛이 나지 않게 된다.
3. 간추린 곰취를 10~20장 정도로 잘 펴서 실로 묶어준 후 줄기 끝을 보기 좋게 잘라준다.
4. 식초를 뺀 양념장을 끓여준 후 체에 걸러주고 한소끔 식으면 식초를 섞어준다.
5. 용기에 차곡차곡 담고 양념장을 뿌려준 후 무거운 돌로 눌러준다.
6. 5일 정도 있다가 다시 한 번 뒤집어 준다. 이때 너무 짠 것이 싫으면 곰취만 따로 건져 냉장고에 보관해도 좋다.

Tip 곰취 장아찌를 맛있게 담그려면

장아찌를 담글 때 간장 양과 곰취의 양을 동량으로 해주는 것이 중요하다. 또 다른 야채를 섞지 않을 경우 간장과 물의 양도 똑같아야 한다. 간장이 많으면 곰취의 색깔이 검게 되고 물이 많으면 연한 색을 띠게 된다.

Tip 곰취에 담긴 풍부한 약효

곰취는 취나물 중에서도 손꼽히는 대표적인 산나물이다. 어린잎을 쌈이나 나물무침 또는 튀김으로 먹는다. 또 생채를 이용해 녹즙을 내어 마시기도 하는데, 곰취의 어린잎에는 다른 산나물보다 비타민 C가 아주 풍부하다. 충분한 비타민 C의 섭취는 감기 예방에 좋으며, 지친 체력을 원상으로 회복시키는 작용을 한다. 가장 약효가 좋은 곰취는 제철에 나오는 자연산 곰취로 제철 곰취를 구해서 장아찌를 담거나 또는 살짝 데쳐서 냉동실에 보관하면 1년 내내 맛있는 곰취를 맛볼 수가 있다.

살아있는 고기
산더덕장아찌

산더덕 600g, 소금 1컵, 배 1개
양념장 : 고추장 300g, 고운 고춧가루 ½컵, 홍시 1개, 설탕 1큰술, 조청 ½컵, 생강즙 1큰술

1. 배를 믹서나 강판에 갈아준다.
2. 산더덕은 껍질째 씻어 물에 소금 1컵을 넣고 약 1시간 정도 절여서 아린 맛과 수분을 빼준다.
3. 이렇게 수분을 빼 준 더덕을 강판에 간 배즙에 다시 2~3시간 정도 절여준다.
4. 이렇게 절여진 더덕을 하루 정도 수분을 공기 중에서 날려 보내 꾸둑꾸둑 하게 말려준다.
5. 큰 볼에 넣고 양념과 함께 버무려 주고 마지막에 소금으로 추가 간을 한다.
6. 이렇게 담근 더덕장아찌를 3~4일에 한 번 정도 뒤집어준다.

Tip 산더덕 장아찌를 맛있게 먹으려면

한 달 정도 있으면 숙성이 되어 아주 맛있게 먹을 수가 있다. 먹을 땐 쭉쭉 찢어 양념해서 들기름에 구워먹어도 좋다. 또한 그대로 양념장과 함께 믹서에 갈아서 콩나물밥이나 나물밥에 양념장으로 비벼먹어도 아주 좋다.

Tip 더덕에 담긴 풍부한 효능

더덕은 호흡기 장애에 좋은 효과가 있고 기침, 가래에 차로 이용하면 좋고 강심작용을 해서 성인병 예방에도 아주 좋은 나물 겸 약초이다. 더덕은 또한, 남자들에게 좋다고 알려져 있는데 진액이 많은 더덕은 남자들에게 탁월한 스테미너 식품이다.

입맛 살려주는

차조기장아찌

차조기(보라깻잎) 300g
양념장 : 진간장 1컵, 채수 ½컵, 생강청 2큰술, 식초 ½컵, 설탕 ½컵
　　　　조청 1큰술, 말린 사과 2~3쪽, 대추 2알

1. 차조기잎은 흐르는 물에 씻어 물기를 빼준다.
2. 양념장을 만든다.
3. 차조기잎 5장씩을 겹쳐 담아주면서 양념장을 뿌려서 완성한다.

Tip 향이 오래 가는 차조기잎 장아찌

차조기잎 장아찌를 담그면 향이 살아있는 장아찌를 1년 내내 맛볼 수가 있을 정도로 향이 오래 가고 좋다. 그래서 입맛이 없을 때 먹으면 좋고, 사찰식이 아닌 가정에서 먹을 때는 고기를 먹거나 햄을 구워서 먹을 때 함께 먹으면 느끼한 맛이 없어지고 깨끗한 맛을 즐길 수 있다. 또한 지방을 감소시키는 효과가 있어 맛있는 건강밥상에 도움이 되는 장아찌이다.

Tip 웰빙 식재료로 주목받는 차조기

일본에서는 이 차조기의 잎을 튀겨서 먹기도 하고, 절임식품으로 만들어 먹기도 한다. 특히 강력한 살균 효과 때문에 생선회에는 필수적이다. 차조기는 살균 효과 외에도 방부 효과가 뛰어나 매실 장아찌를 만들 때에 방부제로 많이 쓴다. 최근에는 높은 항암, 항알레르기 효과가 있는 것으로 밝혀져 웰빙 식재료로 주목받고 있다. 차조기는 입맛을 돋우고 혈액순환을 좋게 하고, 땀을 잘 나게 하며, 염증을 없애고, 기침을 멈추게 하며, 소화를 잘 되게 하고 몸을 따뜻하게 하는 등의 효능이 있는 것으로 알려졌다.

다섯 가지의 힘

오가피장아찌

오가피 잎 300g
양념장 : 진간장 1컵, 조선간장 ½컵, 채수 ½컵, 생강청 2큰술, 식초 ½컵
　　　　조청 ½컵, 말린 사과 2~3쪽, 대추 2알, 통후추 1큰술, 연잎 10cm 정도

1. 오가피 잎은 깨끗한 것으로 준비하여 흐르는 물에 씻는다.
2. 씻은 오가피 잎을 간추려 물기를 완전히 제거한다. 물기가 많으면 간장과의 비율이 맞지 않게 되어 제 맛이 나지 않게 된다.
3. 식초를 뺀 양념장을 끓인 후 체에 걸러주고 한소끔 식으면 식초를 섞는다. 이때 연잎을 그대로 끝가지 둔다. 향도 좋게 하지만 부패방지를 해줘서 훨씬 좋다.
4. 오가피 잎을 용기에 차곡차곡 담고 양념장을 뿌려준 후 무거운 돌로 눌러준다.
5. 2일 정도 있다가 다시 한 번 뒤집어 주면 완성된다.

Tip 수험생과 성장기 청소년에 좋은 오가피잎 장아찌

연잎을 넣고 장아찌를 담그면 오가피의 쌉쌀한 맛을 잡아줄 수가 있다. 오가피는 지구력과 집중력을 키워 주고 뇌의 피로를 풀어주며, 눈과 귀를 밝게 하는 효과가 있어서 수험생들이나 성장기 청소년들에게 차와 반찬으로 만들어 먹이면 좋다. 예를 들어 만두를 만들 때 돼지고기가 들어가 느끼한 맛을 주는데 이때 오가피 장아찌를 다져서 함께 넣어주면 향도 좋고 맛도 최고라고 할 수가 있다. 또한 오가피는 혈액 속의 콜레스테롤을 낮추는 효과가 있으며, 혈당치를 낮추어준다. 또 '동의보감'에서는 신경장애 치료에도 도움이 된다고 전한다.
모든 신체의 기능에 활력을 주고 남자들의 성 기능을 높여주는 효과가 있기 때문에 차로 반찬으로 만들어진 것을 즐겨 먹는 것이 좋다.

곱게 채 썰어 무쳐 먹으면 좋은

무장아찌

무 5개, 삭힌 풋고추 20개, 천일염 2컵, 소주 1컵
양념장 : 간장 10컵, 감초물 5컵(감초 15조각+물 7컵+말린 사과 1개분)
식초 2컵, 설탕 2컵, 황설탕 ½컵, 생강청 1컵, 조청 1컵

1. 무는 깨끗이 씻어 먹기 좋은 크기(½쪽이나 ¼쪽)로 잘라 소금에 절여 12시간 정도 절여서 냉수에 여러 번 헹구어 준 후 물기를 빼주고 24시간 동안 채반에 꾸들꾸들 말려준다.
2. 삭힌 풋고추는 씻어서 준비한다.
3. 양념장을 팔팔 끓여서 식혀준다.
4. 저장용기에 무와 고추를 넣고 식혀준 양념장을 부어준 후 무거운 돌로 눌러준다. (깨끗한 주머니를 이용해 한꺼번에 묶어주어도 좋다.)
5. 3~4일이 지나면 국물을 따라내어 다시 한 번 끓여주고 식혀서 다시 부어준다.
6. 다시 7일이 지나면 한 번 더 끓여서 부어준다.
7. 밀봉하기 전에 소주를 부어서 완성한다.

Tip 무 장아찌를 맛있게

무 장아찌는 정말 활용방법이 다양하다. 곱게 채 썰어서 냉수에 헹구어 준 다음 참깨, 고춧가루, 참기름에 무쳐 먹는 것이 제일 기본이다. 이렇게 장아찌무침을 만들어 먹으면 입맛 없을 때 입맛 잡아주는 효과는 최고이다. 또 무 장아찌를 넓게 편으로 얇게 썰어서 초밥을 만들어 올려주고 김으로 묶어주면 꼭 멀리서 보았을 때 참치 초밥 같은 효과가 있으면서 색다른 초밥을 맛 볼 수가 있다

사찰식 절임음식

밥도둑이네

백일송이버섯장아찌

백일송이 말린 것 200g, 마른 고추 1개
양념장 : 간장 ½컵, 조선간장 ½컵, 채수 1컵, 물엿 ½컵, 마른 고추씨 1큰술
　　　　흑생강청 1컵(흑설탕 ½컵+생강 10g+청주 1컵)

1. 말린 버섯은 흐르는 물에 씻어준다.
2. 채수 1컵에 버섯을 불려준다.
3. 마른 고추는 곱게 가위로 잘라준다.
4. 양념장을 냄비에 끓여준 뒤 체에 한번 걸러준다.
5. 불린 버섯을 양념장에 넣어서 살짝 끓였다가 꺼낸다.
6. 버섯을 저장 용기에 담고 양념장을 식혀서 담아준다.

Tip 송이 향이 입맛을 잡아주는 백일송이버섯 장아찌

백일송이버섯은 백일송이라고 부르는 곳도 있고 백만송이라고 하는 곳도 있다. 또 만가닥버섯이라고 하는 곳도 있는데 모두 똑같은 것이라 생각하면 된다. 백일송이버섯은 가닥가닥 뜯어내어 준 후 한지를 깔고 골고루 펼쳐준다. 직사광선이 아니고 실내에서 바람이 잘 통하는 곳에 말린다. 3~5일 정도 말리면 좋다. 백일송이버섯도 송이의 일종이다. 100일 동안 키웠다는 특징이 있듯이 입안에 송이의 향이 은은하게 풍기고 입맛을 잡아주는 탁월한 효과가 있다. 백일송이버섯 장아찌는 아무 양념 없이 그대로 향을 느끼면서 먹는 것이 제일 좋다.

사찰식 절임음식

고소함이 최고

두부장아찌

두부 1모, 맛기름 약간, 홍고추 1개, 산초가루 약간
간장물 : 간장 1컵, 채수 ½컵, 생강청 2큰술, 물엿 1큰술, 청주 2큰술

1. 달군 팬에 기름을 두르고 두부를 노릇하게 지져낸 뒤 기름을 완전히 제거한다. (이때 소금은 뿌리지 않는다. 간장 물을 사용하기 때문에 소금을 넣으면 너무 짜서 안 된다.)
2. 구워낸 두부는 한지를 이용 기름기를 완전히 제거한다.
3. 두부는 두부 크기대로 잘라준다.
4. 냄비에 간장물을 끓인다.
5. 용기에 두부를 넣고 뜨거울 때 부어준다.
6. 홍고추를 먹기 좋게 자르고 산초가루를 넣는다.
7. 실온에서 완전히 식힌 뒤, 냉장고에 보관한다.

Tip 아이들이 좋아하는 두부장아찌

두부를 안 먹는 아이들도 두부장아찌는 정말 맛있게 먹는 반찬이라고 할 수가 있다. 두부장아찌는 그냥 먹어도 좋고 굵게 채 썰어 김밥에 이용해도 좋고, 두부장아찌를 으깨어 만두소로 이용해도 맛이 아주 좋다. 또 사찰식이 아니라면 명란젓과 곱게 다져서 무쳐 쌈장처럼 만들어 먹어도 아주 좋다.

이름도 희한하네
총알버섯장아찌

총알버섯 말린 것 200g, 마른 고추 1개
양념장 : 간장 ½컵, 조선간장 ½컵, 채수 1컵, 물엿 ½컵, 마른 고추씨 1큰술
　　　　생강청 1컵(흑설탕 ½컵+생강 10g+청주 1컵)

1. 말린 버섯은 흐르는 물에 씻는다.
2. 채수 1컵에 버섯을 불린다.
3. 마른 고추는 먹기 좋은 크기로 잘라준다.
4. 생강청을 뺀 양념장을 냄비에 끓여준 뒤 체에 한번 걸러준다.
5. 양념장에 생강청을 섞는다.
6. 불린 버섯을 양념장에 넣어서 살짝 끓였다가 꺼낸다.
7. 버섯을 저장용기에 고추와 함께 담고 양념장을 식혀서 담아준다.

Tip 총알버섯 장아찌를 맛있게

총알버섯은 새송이 버섯 새끼를 말한다. 한지를 깔고 말려주면 되는데 총알버섯으로 장아찌를 만들면 꼭 간장게장을 만들었을 때의 그 살코기 맛을 느낄 수가 있다. 단 말릴 때 직사광선이 아니고 실내에서 바람이 잘 통하는 곳에 말리는데 3~5일 정도 말리면 좋다.
총알버섯 장아찌는 냉장고 속에 보관하는 것이 좋고 200~400g 정도가 한 번 만들어 먹기가 제일 좋다. 일반 버섯과 달리 살집이 있어서 잘 삭는 데는 단점이 있기에 너무 많이 담가놓으면 낭패 보는 경우가 있다.

한 장 두 장

깻잎장아찌

깻잎 300g, 홍고추 10개, 고운 고춧가루 1큰술, 매실청 2큰술
양념장 : 진간장 1컵, 채수 ½컵, 표고버섯젓갈 2큰술, 생강청 2큰술, 식초 ½컵
　　　　설탕 ½컵, 조청 1큰술, 말린 사과 2~3쪽, 대추 2알

1. 깻잎은 흐르는 물에 씻어 물기를 빼준다.
2. 양념장을 만들어 체에 걸러준다.
3. 홍고추를 믹서기에 갈아준다.
4. 갈아준 홍고추에 양념장과 고운 고춧가루, 매실청을 넣고 최종 양념장을 만들어준다.
5. 깻잎을 3~5장씩 겹쳐서 양념장을 고루 발라준다.
6. 양념 바른 것을 먹기 좋게 담아서 완성한다.

Tip 깻잎 장아찌를 맛있게 담그려면

일반 간장 장아찌와는 달리 고운 고춧가루와 홍고추를 갈아서 양념장을 부각처럼 덧발라 주는 장아찌다. 매콤한 맛이 매력적인데 이 깻잎장아찌에는 젓갈이 들어가야 제 맛을 느낄 수가 있다. 이럴 때 사찰만의 젓갈인 표고버섯젓갈을 사용하면 최고의 맛을 느낄 수가 있다.

사찰식 절임음식

아삭이는 맛이 최고

매실장아찌

청매 1kg, 소금 2½컵, 물 2컵, 차조기잎 약간
양념장 : 고추장 3컵, 감식초 ½컵, 매실청 ½컵, 고운고추가루 ½컵, 물엿 약간

[1차과정]
1. 초록색매실인 청매를 깨끗이 씻어 물기를 완전히 닦아내고 소금 1컵 반을 뿌려, 하루 정도 재워둔다.
2. 차조기 잎을 소금 1큰술과 3컵 정도의 소금물에 1~2시간 동안 담가 독기와 먼지를 씻어낸 뒤 이것 또한 물기를 완전히 제거한다.
3. 매실이 절여지면 체에 밭쳐 소금을 뺀 후 서늘한 곳에서 1주일 정도 꾸둑꾸둑해 질 정도로 말린다. (이때 자주 섞어주어야 물러지지 않는다.)
4. 물 3컵에 소금 2컵을 섞은 소금물과 차조기잎을 넣어 서늘한 곳에 1개월 정도 재워두면 붉은색의 매실 장아찌가 완성된다.

[2차과정]
1. 양념장을 만들어준다.
2. 1차 과정을 거친 매실을 건져서 냉수에 1~2번 정도 헹군 뒤, 양념장에 버무려 용기에 보관하면 완성된다.

Tip 매실장아찌를 맛있게 담그려면

일본에 여행 다녀온 사람들은 일본의 우매보시를 많이 그리워한다. 보랏빛이 나는 우매보시, 그런데 이것이 초록색의 청매로 담근다는 것이다. 보라색을 띠는 그 이유가 바로 차조기 잎이다. 차조기 잎은 부패를 방지해주는 효과도 있지만 매실과 최고의 궁합을 가지고 있어 매실청을 만들 때도 함께 넣으면 더욱 최고의 효과를 얻을 수가 있다. 차조기 잎(들깨와 비슷한 식물로 향미료로 쓰임. 없으면 안 넣어도 됨)은 손으로 잘게 찢어 바락바락 씻은 후 물기를 빼고 말린 매실과 함께 밀폐 용기에 켜로 깔아주면 더욱 손쉽다

사찰식 절임음식

신 진 수

현재 인천시교육청 혁신정책과 교육혁신 강사(ES 나르미)로 활동
사찰음식연구소 공양간 사찰음식고급반 수료
현)인천 효성초등학교 교사
    사찰음식연구소 공양간 연구반 회원

현재 초등학교 교사로 일하면서 인천시 교육청 ES나르미 자격으로 건강한 먹거리를 주제로 초중등 교사들에게 강의를 하고 있다. 교사와 학부모, 아이들과 현장에서 소통하며 건강한 먹거리에 대해 항상 고민하고 있는 그는 아이들의 몸과 마음을 건강하게 하는 바른 먹거리야 말로 아이들의 미래를 위한 가장 큰 투자로 생각하며, 사찰음식을 통한 건강 요리법 개발과 보급에 나서고 있다.

Part 2

사찰식 건강간식

한참 커가는 아이들에게 간식은 정말 없어서는 안 될 친구이다. 하지만 요즘 아이들에게 마음 놓고 먹일 먹거리가 없는 것이 현실이다. 여기서는 자연에서 나오는 천연의 재료를 이용하여 아이들은 물론 어른들까지 안심하고 먹을 수 있는 건강 간식을 사찰음식 요리법 속에서 찾아 소개한다. 간단한 재료로 누구나 쉽게 만들 수 있고 아이들의 체질과 입맛에 맞는 건강 먹거리를 선택하였다. 이제 사찰식 건강간식을 통해 우리의 아이들에게 안심하고 먹일 수 있는 몸에 좋고 건강에도 좋은 영양간식을 만들어 보자.

엄마 내 생일날에두

대추견과류케익

가루멥쌀 5컵, 소금 ½큰술, 황설탕 ½컵, 대추 끓인 물 2컵, 대추고 ½컵
고명 : 아몬드 슬라이스 2큰술, 대추채 ½컵, 호박씨 1큰술

1. 쌀가루에 소금을 넣고 대추고를 섞어 체에 내린다.
2. 체에 내린 쌀가루에 설탕을 섞어주고 물을 넣어 적당하게 반죽을 한다.
3. 케익틀에 반죽을 넣고 고명을 올려 김이 오른 찜솥에 20~30분 정도 쪄준다.
4. 먹기 좋은 크기로 잘라 완성한다.

Tip

대추견과류케익은 이름은 케익이지만 우리나라 전통방식으로 만든 찜떡이라고 할 수가 있다. 천연의 재료를 넣어 견과류와 함께 만든 떡케익으로, 냉동실에 얼렸다가 그대로 녹여서 먹을 수가 있어 아이들의 간식으로 다양하게 이용할 수가 있다. 만들 때 물의 분량이 2컵이라고 해서 꼭 2컵을 사용해야 하는 것은 아니고 쌀가루의 상태를 보아서 물의 양을 조금 조절해도 된다.

꼭 고기 같아요
새송이초밥

밥공기(식초 2큰술+물 ½컵+설탕 1큰술), 김 약간, 생와사비 약간
새송이 작은 것 4개, 소금 1작은술, 설탕 1작은술, 식초 1작은술, 생강청 약간

1. 새송이는 편으로 잘라 소금, 설탕, 식초에 30분 정도 절였다가 물기를 꼭 짜준다.
2. 물기를 짠 새송이를 생강청으로 살짝 버무려준다.
3. 밥은 식초, 물, 설탕을 끓인 물에 섞어준다.
4. 김을 손가락 길이로 가늘게 잘라준다.
5. 밥을 주먹 크기보다 작게 만들어 와사비를 올려주고, 새송이를 올려 김으로 감싸 새송이 초밥을 완성한다.

Tip

새송이초밥은 버섯을 안 먹는 아이들에게 새로운 모습의 초밥으로 선보여 버섯을 먹게 할 수 있는 요리법이다. 요즘 표고버섯 등 버섯이 많이 나오지만 버섯의 향 때문에 아이들이 싫어하는 경우가 많은데, 이런 방법을 이용해 아이들의 간식이나 도시락으로 이용하면 좋다.

머리가 좋아지는
삼색강정

볶은 쥐눈이콩 2컵(조청 1큰술, 물엿 4큰술, 설탕 4큰술, 물 1컵, 식용유 1큰술)
볶은 들깨 2컵(조청 1큰술, 물엿 4큰술, 설탕 4큰술, 물 1컵, 생강즙 ½큰술, 식용유 1큰술)
볶은 땅콩 2컵(조청 1큰술, 물엿 4큰술, 설탕 4큰술, 물 1컵, 식용유 1큰술)

1. 콩, 들깨, 땅콩은 각각의 시럽을 만들어 준다.
2. 이렇게 만든 각각의 시럽에 콩, 들깨, 땅콩을 각각 넣어 실이 날 때까지 저어준다.
3. 3가지 강정을 각각 기름을 바른 그릇에 담아주고 약간 식을 때까지 기다린 뒤, 얼음물에 손을 담가준 다음 손으로 모양을 만들어 완성한다.

Tip
삼색강정은 꼭 검정콩, 들깨, 땅콩만이 아니라 호두, 아몬드, 잣 등 다양한 견과류를 이용해도 좋다. 멸치를 섞어서 만들면 수험생과 성장기 어린이들에게 좋은 최고의 웰빙 간식이다.

부처님도 드셨데요

연자호두찜케익

코코아가루 1큰술, 연자가루 1큰술, 참마즙 100g, 소금 ½작은술, 우유 3큰술
조청 5큰술, 우리밀가루 5큰술, 호두 ½컵, 맛기름 약간

1. 껍질을 벗긴 마를 강판에 갈아서 참마즙 100g을 만든다.
2. 조청을 녹여서 소금, 코코아가루, 연자가루, 우유를 섞고 우리밀가루에 섞어 반죽해준다.
3. 틀에 맛기름을 바르고 틀의 70% 정도 담아준 뒤, 마지막에 호두를 고명으로 올려 김이 오른 찜 솥에 30분 정도 쪄서 완성한다.

Tip

참마즙과 호두를 넣고 계란과 기름 없이 만드는 사찰식 영양 찜빵으로 어린아이들의 영양 섭취에 좋다. 마가 아니라고 해도 당근, 무, 나물 등을 이용하면 아이들에게 다양한 채소류를 많이 먹일 수가 있어서 강력히 추천해주고 싶은 간식이다.

또 먹고싶어요
영양호박밥

단호박 작은 것 1개, 잡곡쌀 1컵, 흑미찹쌀 1큰술
밤 2개, 대추 2개, 은행 2개, 소금 약간, 물 적당량

1. 단호박은 꼭지가 있는 윗부분을 가로로 넓게 잘라낸 뒤, 숟가락으로 안쪽의 씨를 말끔하게 긁어낸다.
2. 잡곡과 흑미찹쌀은 깨끗이 씻은 뒤, 물을 넉넉히 부어 충분히 불린다.
3. 밤은 먹기 좋은 크기로 자르고, 은행은 볶아 껍질을 제거하고, 대추는 곱게 채 썬다.
4. 단호박에 불린 잡곡을 넣고 소금으로 간한 뒤 밤과 대추, 은행을 올리고 단호박 높이의 ⅔ 정도가 되도록 물을 붓는다.
5. 김 오른 찜통에 넣고 중불에서 30~40분간 찐다.

Tip

요즘엔 단호박, 색깔호박 등 여러 가지 호박이 많이 나와 있다. 그런 호박을 이용해 다양하게 요리에 응용하면 훨씬 다양한 요리를 선보일 수가 있다. 단호박을 한 통 사면 찌고 튀겨 먹어도 한 통을 다 먹기가 쉽지 않다. 반은 버리게 되는데 이럴 땐 씨를 발라낸 단호박 조각을 쿠킹페이퍼나 마른행주로 각각 싸서 김치냉장고에 보관하면 오랫동안 먹을 수가 있다.

쫄깃쫄깃!
건강찹쌀떡

무 150g, 찹쌀가루 ½컵, 멥쌀가루 2컵, 녹차소금 약간, 참기름 약간
소 : 견과류 2큰술, 색설탕 1큰술, 검정깨 약간
고명 : 잣가루 2큰술

1. 무는 믹서에 갈아서 가제에 걸러 즙만 준비한다.
2. 믹서에 간 무에 찹쌀가루와 멥쌀가루를 섞어 되직하게 반죽한다.
3. 소를 만든다.
4. 반죽을 한입 크기로 잘라서 소를 넣고, 경단 모양으로 만든 후 김이 오른 찜솥에 쪄준다.
5. 이렇게 찐 경단을 달구어진 팬에 굽는다.
6. 접시에 담아서 잣가루를 올려 완성한다.

Tip

건강찹쌀떡은 무를 갈아서 무즙으로 반죽을 하기 때문에 아이들의 소화를 돕고 식이섬유를 섭취 할 수 있으며 견과류를 함께 먹을 수 있어 성장기 어린이뿐 아니라 노인들의 소화를 돕는데도 도움이 된다. 또한, 구워먹으면 고소한 맛이 가득해 젊은 사람들도 좋아하는 메뉴가 되고 찐 상태로 먹게 되면 부드러움과 찰진 맛을 느낄 수 있어 남녀노소 누구나 좋아하는 건강간식이다.

또 주세요~
복분자배숙

배 1개
소스 : **복분자 효소 2컵, 설탕 3큰술, 통계피 아주 약간**

1. 배는 깍두기 모양이나 수쿠프 또는 몰드를 이용해 모양을 만들어준다
2. 냄비에 복분자효소, 설탕, 통계피를 넣고 5분 정도 끓여 효소 속의 알코올 성분을 날리고 소스를 만들어 준다.
3. 만들어진 배를 소스에 넣어 빨리 불에서 내려주고 냄비째 냉수에 담가준다.
4. 완전히 식으면 냉장고에 넣어 하룻밤을 지낸 후 시원하게 해서 먹는다.

Tip

복분자 배숙은 어린아이들의 감기예방에도 좋고, 천식이 있는 아이들에게 권해줄만한 건강음료이다. 복분자의 약성이 혈액순환을 돕는 작용을 해주므로 성장기 어린이들의 성장촉진에 도움을 많이 줄 수 있는 음료이다. 계피에는 진정효과가 있어서 수험생들의 신경안정을 도와주는 역할을 함께 해주는 음료라 항상 냉장고 안에 넣어두고 아침, 저녁으로 먹을 수 있게 하는 것이 좋다.

건강해져요
밤호박쥬스

밤 10개, 단호박 ½쪽
마 가루 1큰술, 두유 4컵, 녹차소금 약간

1. 밤은 쪄낸 후 속만 파서 준비한다.
2. 단호박은 찜기에 쪄준 후 노란 살만 준비한다.
3. 믹서기에 두유와 밤, 호박을 넣고 갈아준 후 마가루를 섞는다.
4. 그릇에 담아 먹기 전에 녹차소금을 넣고 간을 해 완성한다.

Tip
아이들이 좋아하는 밤과 호박을 이용해 아침 식사 대용식으로 만든 음료이다.
마 가루를 섞어서 아이들의 기를 보충시켜 줄 수 있고, 단호박은 식이섬유가 풍부하고 비만 억제 효과가 있어 아이들의 건강을 지켜 줄 수 있는 음료이다. 시원하게 해서 조랭이떡 같은 것을 넣어서 먹을 수도 있고 따뜻하게 해서 조금 걸쭉하게 죽처럼 먹어도 좋다.

엄마와 함께 만드는

쑥갓경단콩국

쑥갓 1줌, 찹쌀가루 1컵, 죽염 약간, 꿀 약간, 우유 6컵, 두부 ½모
고명 : 오이 ¼쪽, 당근 1/5쪽, 흑임자 약간

1. 우유와 두부를 믹서에 넣고 콩국을 만든다.
2. 쑥갓은 잎만 떼어 살짝 데쳐서 믹서기에 갈아 즙만 걸러 준비한다.
3. 찹쌀가루에 짜 놓은 쑥갓 즙을 미지근하게 살짝 데워서 중탕한 뒤 반죽한다.
4. 반죽한 찹쌀을 한 조각씩 떼어서 완자를 빚어서 뜨거운 물에 데쳐준다.
5. 오이는 돌려깎기 해서 파란 부분과 속 부분의 두 가지 색을 채 썬다. 당근도 곱게 채 썬다.
6. 그릇에 완자를 넣은 후 콩국을 붓고 고명으로 오이채, 당근채, 흑임자를 올려 완성한다.

Tip

쑥갓 경단은 꼭 쑥갓으로만 만들 필요는 없다. 시금치 등 여러 가지 나물을 이용하면 아이들에게 비타민과 식이섬유를 함께 보충시켜 줄 수 있다.
또 녹차소금과 꿀을 곁들여 먹으면 색다른 맛을 입안에서 느낄 수가 있다.

머리가 좋아져요

검은깨팥죽

검은깨 1큰술, 팥 1컵
불린 쌀 1컵, 녹차소금 약간, 우유 1컵

1. 검은깨는 흐르는 물에 씻어 물기를 빼준 후 달군 팬에 살짝 볶아준다.
2. 팥은 흐르는 물에 씻어 삶아주는데 첫 번째 물은 버리고 두 번째 물에 푹 삶아준다.
3. 팥이 손으로 만져서 으깨질 때 불을 꺼주고 식혀준다.
4. 불린 쌀과 검은깨, 팥을 믹서에 넣고 갈아준 후 물 6컵을 넣고 죽을 끓여준다.
5. 죽이 어느 정도 완성되면 우유를 넣어 한 번 더 끓여주고 그릇에 담아 검정깨를 올려 완성한다.

Tip

검은깨 팥죽은 손쉽게 조리해서 영양이 가득한 검정깨와 팥을 섭취할 수 있으며 아이들의 간식, 손님 접대용, 간단한 식사대용으로 내놓아도 손색이 없는 음식이다.
검정깨는 미리 갈아놓으면 냄새가 나기 때문에 그때그때 먹을 만큼만 볶아주면 더 고소한 맛을 느낄 수가 있다.

사찰식 건강간식

다이어트에도 좋은

메밀강정

메밀튀밥 10컵
시럽 : 조청 1큰술, 물엿 4큰술, 생강즙 1큰술, 설탕 4큰술, 물 1컵, 식용유 1큰술

1. 시럽을 만들어준다.
2. 이렇게 만든 시럽에 메밀을 넣어 재빠르게 섞어준다.
3. 시럽에 버무린 메밀이 살짝 식으면 손에 기름을 바르고 완자모양으로 만든 후 식히면 완성이다.

Tip

메밀은 피를 맑게 해주고 콜레스테롤을 없애주는 효과가 있어 성인병 예방에 좋다. 또한, 아이들의 비만을 예방하고 맛있게 먹을 수 있는 건강 간식이라 할 수 있다.
메밀은 밥을 해서 한 번 찌고 그늘에서 말려준 후, 재래시장에 들고 가면 튀밥 만들 수 있는 곳을 쉽게 찾을 수 있다.

나 닮아 이쁜

조랭이떡자두범벅

조랭이 떡(혹은 꿀떡) 1줌, 자두 3개, 꿀 1큰술
고명 : 해바라기씨 약간
시럽 : 설탕 3큰술, 물 3큰술

1. 자두는 과육만 잘라내서 강판에 갈아준다.
2. 시럽을 만든다.
3. 갈아놓은 자두 과육을 넣고 냄비에서 끓여주다 시럽을 넣고 같이 끓인다.
4. 준비된 떡은 끓는 물에 데치고 꿀에 잠시 재운다.
5. 끓인 자두 과육에 조랭이떡을 넣고 잠시 끓인다.

Tip

조랭이떡이 없으면 꿀떡이나 떡볶이용 떡을 이용하면 된다. 요즘 마트에 가면 하트 모양이나 별 모양의 떡볶이 떡이 있는데, 그 모양 떡을 이용하면 더욱 좋다.
자두의 상큼한 맛이 아이들의 입맛을 돋우는 역할을 해주고, 또 색다른 형식의 떡볶이로 연상 되어 아이들이 즐겨먹는 간식이다.

고소함이 최고

잣경단

찹쌀가루 2컵, 소금 약간, 연근가루 2큰술
소 : 팥앙금 1컵
시럽 : 설탕 ½컵, 물 ½컵, 생강즙 1작은술
고물 : 잣 2컵

1. 잣은 한지를 이용해 곱게 가루를 낸 후 기름기를 뺀다.
2. 찹쌀가루와 연근가루, 소금을 체에 내린 후 미지근한 물로 익반죽 한다.
3. 시럽을 만든다.
4. 팥앙금은 완두콩만하게 완자를 만들어주고 찹쌀반죽에 팥앙금으로 소를 채워 포도알 크기만하게 완자를 만든다.
5. 만든 완자를 뜨거운물에 데쳐내 냉수에 바로 헹궈 건진다.
6. 데쳐낸 완자를 시럽에 담갔다가 잣가루를 묻혀서 잣 경단을 완성한다.

Tip

잣은 고깔을 제거하고 한지를 이용해 아주 곱게 가루를 내어주는 것이 중요한데 이때 기름기를 완전히 제거하고 아주 보실보실하게 만들어주는 것이 좋다. 특히 잣 경단에는 연근 가루를 이용하는 것이 특징인데 연근 가루는 수험생이나 성장기 어린이들의 코피를 멈추게 해주는 효과가 있다. 또 연근 가루를 구하기 어려우면 연근을 사다가 껍질을 벗긴후 아주 얇게 썰어서 식초물에 담갔다가 그늘에서 4~5일 말린후 분쇄기에 갈아주면 가루를 쉽게 만들 수가 있다

도시락으로 최고

흑미영양콩떡

찰흑미 1컵, 찰현미 1컵
콩가루 1컵, 말린 사과 1개분, 말린 단감 1개분, 청태 ½컵
서리태콩 1컵, 팥 2큰술, 건포도 ½컵, 소금 약간, 참기름 약간

1. 9시간 불려준 찰흑미와 찰현미를 소금을 넣어 빻는다.
2. 서리태와 청태, 팥은 물에 불려서 한번 삶아준다. 말린 사과와 말린 단감은 먹기 좋은 크기로 잘라준다.
3. 찜기에 현미가루, 콩가루, 소금을 섞어주고 체에 한 번 내려준다.
4. 가루와 쪄준 콩을 한데 섞어준다.
5. 찜기에 고루 넣고 김이 오른 찜 솥에서 20분 정도 찐다.
6. 평평한 쟁반에 떡을 고루 펴 실온에서 1시간 정도 식혀 준 후 참기름을 발라 먹기 좋은 크기로 자른다.

Tip

뜨거울 때 잘라서 냉동실에 넣어 놓았다가 실온에서 녹여 먹으면 더욱 맛이 좋다.
백년초 물김치와 함께 먹으면 겨울철 건강 간식으로 최고이면서 출근하는 직장인과 아침 일찍 등교하는 아이들에게 좋은 건강식이다.

한입 물고~

아몬드경단

찹쌀가루 3컵, 소금 ½작은술, 꿀 ½컵, 잣가루 약간
소 : 밤 10개, 계피가루 1작은술
고물 : 아몬드슬라이드 1컵

1. 밤은 삶아서 체에 내려준 후 계피가루와 함께 소를 만든다.
2. 아몬드 가루는 너무 두꺼운 것은 다져준다.
3. 찹쌀가루는 소금을 넣어 익반죽한 후 소를 넣어 완자를 만든다.
4. 완자를 뜨거운 물에 데쳐낸 다음 냉수에 행궈준다.
5. 다시 완자를 꿀에 넣었다 빼주고 아몬드 가루를 묻혀서 완성한다.

Tip

경상도에서는 잡과편이라고 하여 대추채, 석이채, 밤채 등을 올려서 만드는 전통음식이 있는데 이것을 요즘 아이들이 좋아하는 방식으로 변형시켜 보았다.
아몬드경단은 고물만 빼고 완자를 콩국 등에 넣어 먹어도 좋고, 떡국 같은 형식으로 만들어 먹어도 아주 좋은 음식이다.

박 현 자

웃음 치료사 1급(실버레크리에이션 1급)
대체의학 건강관리사 1급
전통병과 1급 기능사
전통혼례음식 1급 기능사
사찰음식연구소 공양간 사찰음식고급반 수료
현)현이떡방 대표
　　사찰음식연구소 공양간 연구반 회원
　　문화센터 전통병과 전문강사

웃음 치료사와 대체의학 건강관리사 자격을 가지고 있는 전문 건강관리사이며 전통음식전문가이다.
건강에 대한 오랜 관심과 연구는 자연스럽게 몸에 좋은 음식에 대한 연구로 이어져 웃음치료와 대체의학에 전통음식과 사찰음식을 접목시킨 건강관리법을 전파하고 있다.

Part 3

사찰식 떡과 음료

떡은 우리 민족의 삶과 함께 발전하며 한국인의 정서가 그대로 담겨있는 음식으로 사찰음식에서도 떡을 빼고는 이야기 할 수가 없다. 초하룻날이나 부처님오신 날 등 다양한 사찰의 행사 때 절을 방문하는 모든 신도들과 함께 나누어 먹는 떡은 사찰의 대표적인 음식이다. 여기서는 전통적으로 사찰 공양간에서 내려오는 순수 공양주 보살님들의 손맛을 그대로 재현한 사찰의 전통 떡 빚는 법을 소개한다. 사찰식 떡과 음료는 제철에 나오는 나물과 식재료로 만들어 건강을 도모하는 대표적인 자연식으로 현대인에게 가장 친근하게 다가갈 수 있는 전통 사찰음식이라 할 수 있다.

스님께 선물해 드리자

율란

밤 20개, 소금 아주 약간
꿀 3큰술, 계피가루 2큰술, 잣 1큰술

1. 껍질을 깐 밤은 아주 약간의 소금을 넣고 삶아준다.
2. 부드럽게 삶아진 밤을 체에 내려준다.
3. 잣은 한지를 깔고 곱게 가루를 낸 후 기름기를 없앤다.
4. 곱게 으깬 밤에 꿀과 계피가루, 잣가루를 넣고 고루 버무린다.
5. 골고루 꿀이 섞인 밤 반죽을 동글려서 밤 모양으로 빚고, 머리 쪽에 계피가루를 묻혀 밤 모양으로 만든다.

Tip

율란은 황해도 지방에서 즐겨 먹던 향토음식이다. 본래는 황률(말린 밤)로 만들었는데 황률을 가루 내어 꿀로 반죽해서 다시 밤의 형태로 빚은 것이다. 요즘엔 황률 구하기가 어렵고, 밤가루 만들기도 힘이 들어서 가을철 햇밤이 나왔을 때 실한 밤을 골라 만든다.
향기로운 계피 향과 밤 맛, 고소한 잣의 맛이 어우러진 율란은 예로부터 노스님들의 영양보충을 위한 간식이기도 했다.

호호 불면서 마시는
대추차

마른 대추 30개, 물 15컵
고명 : 건 대추채 약간, 잣 약간

1. 마른 대추는 솔로 주름까지 씻어준다.
2. 내열 냄비에 물 10컵과 대추를 넣고 센 불에서 팔팔 끓이다가 한소끔 끓으면 물의 양이 반으로 줄 때까지 아주 약한 불에서 2시간 정도 더 끓인다.
3. 대추가 푹 무르면 건져 체에 받쳐 즙만 걸러준다.
4. 체에 거르고 남은 대추 과육과 물 5컵을 넣고 약불에서 1시간 정도 더 끓인다.
5. 만들어진 4를 체에 걸러 물만 준비하고 거른 과즙과 섞어 한 번 더 끓인다.
6. 먹을 때 건 대추채와 잣을 고명으로 올린다.

Tip

대추는 절에서 많이 나오는 과실 중 하나다. 예로부터 신비로운 영약으로 대접받은 대추는 약한 내장과 허한 몸을 튼튼하게 해주며, 차로 달여 마시면 신경성 두통을 없애고 피로도 풀어주는 효과가 있다. 또한 변을 묽게 해 변비를 없애고 소화를 촉진하므로 늘 앉아서 근무하는 분들에게도 좋다.
김치 담글 때 대추를 끓여서 설탕 대신 사용하기도 하는데, 원두커피를 대추 끓인 물로 내려 먹으면 설탕이 따로 필요 없을 정도로 단맛이 난다.

건강에는 최고
건강약식

찹쌀 5컵, 현미찹쌀 1컵, 밤 10개, 대추 10개, 잣 2큰술, 연자 2큰술
양념장 : 흑설탕 3큰술, 설탕 ½컵, 간장 3큰술, 참기름 5큰술
계핏가루 1작은술, 흑생강청 ½컵, 사과잼 1큰술

1. 찹쌀은 씻어 불려 물기를 빼고 건진다.
2. 대추는 씨를 제거하고 먹기 좋은 크기로 잘라주고, 밤도 먹기 좋은 크기로 잘라준다.
3. 연자는 12시간 정도 불린 뒤 건지고 잣은 고깔을 떼어 준비한다.
4. 찹쌀과 현미찹쌀, 밤, 대추, 연자를 양념장과 섞어 압력솥에서 약식을 해준다. 이때 물은 자박자박하게 넣어주고 잣과 참기름을 뺀 양념장을 섞어준다.
5. 약식이 완성되면 잣과 참기름을 섞어주고 평편하게 펴서 식혀준다.
6. 약식이 식으면 먹기 좋은 크기로 잘라준다.

Tip

옛날에는 약식을 찜기에 고두밥을 지었다가 다시 찜기에 찌는 방식이었는데, 요즘엔 압력솥이 있어서 아주 간편하게 약식을 할 수가 있다. 이렇게 좋은 조리도구의 도움으로 다양한 잡곡을 이용해서 약식을 만들어 먹는 것도 좋을듯하다.
흑미, 현미, 율무, 보리 같은 것을 넣어서 건강 약식을 만들어 먹는 즐거움을 느껴보자.
또한 베이킹컵을 이용하면 아이들의 도시락과 생일잔치도 거뜬하게 치를 수 있는 메뉴이다.

아삭하면서 고소한 맛

개성약과

밀가루 2컵, 소금 1큰술, 흰 후추 약간, 참기름 7큰술, 소주 7큰술, 설탕시럽 7큰술
집청 : 조청 4컵, 물 ½컵, 생강즙 1큰술
고명 : 대추 4알, 잣 적당량

1. 밀가루에 소금과 흰 후추를 넣고 고루 섞은 후 참기름을 넣고 골고루 비벼준 다음 체에 곱게 내려준다.
2. 설탕시럽에 소주를 잘 섞어 준 다음 만들어진 1의 가루에 넣고 가루가 보이지 않게 한 덩어리를 만든다.
3. 반죽을 겹쳐 주면서 한 덩어리가 되도록 2~3차례 반복해 쳐준다.
4. 3의 반죽을 밀대로 밀어서 0.8cm 두께로 만든 다음 꽃 모양 틀로 모양을 만들고 군데군데 칼집을 넣어서 튀길 때 속까지 잘 익도록 한다.
5. 4의 반죽을 기름 90~100℃의 낮은 온도에서 은은한 미색이 될 때까지 익힌 다음 140~150℃의 기름으로 옮겨서 갈색이 나게 튀겨낸다.
6. 튀겨낸 약과는 뜨거울 때 집청액에 담가 집청한다.
7. 기호에 따라 대추와 잣으로 고명을 올려 완성한다.

Tip

요즘 안심하고 즐길 수 있는 먹을거리 찾기가 어려운 세상에서 우리의 전통 과자는 강력히 추천하고 싶은 간식이다. 첫 번째로 시도할 때가 힘든 것이 요리다. 하지만, 아이들과 또는 연인끼리 함께 과자를 만들면 색다른 즐거움을 느낄 수 있다. 약과는 쿠키처럼 여러 모양으로 만들 수 있고 아이들이 즐거워해서 정서적으로도 좋다.

하나도 안 쓰네

칡식혜

칡 효소 ½컵, 엿기름 1되
찹쌀 2컵, 설탕 50g, 생강 2쪽

1. 엿기름은 물로 조물락 비벼서 엿기름물을 만들어 준다.
2. 찹쌀은 고슬고슬하게 밥을 해준다.
3. 엿기름물에 고슬고슬하게 지은 밥을 전자밥통에 넣어서 식혜를 발효시킨다.
4. 완성되면 설탕을 넣어서 끓여준다.
5. 다 끓여 한 김 나가면 칡 효소를 넣어준다.
6. 다 만들어진 식혜에 편으로 썰어준 생강만 넣으면 된다.

Tip

우선 칡 식혜를 만들려면 칡 효소가 필요한데, 생 칡을 아주 얇게 잘라서 황설탕과 1:1로 섞어준 후 100일 동안 숙성시켜 액만 건져낸 것이 칡 효소이다. 칡 효소는 숙취 해소와 몸을 가볍게 만드는데 도움이 된다. 예로부터 칡은 산사에서 구할 수 있는 천연의 껌이라고 할 정도로 즙이 많이 나와 간식으로도 많이 사용되어왔다.

사찰식 떡과 음료

내가 만든

쑥갠떡

쑥 200g, 멥쌀가루 1kg, 죽염 약간, 참기름 약간
소 : 흰색 팥앙금 1컵

1. 쑥은 뜨거운 물에 삶아서 냉수에 여러 번 헹궈 물 없이 믹서기에 한 번 돌려준다.
2. 돌려준 쑥을 즙만 따로 보관한다.
3. 멥쌀은 충분히 불려서 방앗간에서 가루를 내어 쌀가루를 준비한다.
4. 멥쌀가루에 만들어 놓은 쑥즙과 죽염을 넣어서 되직하게 반죽한다. 이때 반죽은 송편 만들 때 정도의 반죽을 만들면 된다.
5. 반죽에 소를 넣어 주먹으로 눌러서 송편처럼 만들어 준다.
6. 김이 오른 찜솥에 15분 정도 쪄 준 후 식기 전에 참기름으로 버무려준다.

Tip

쑥은 몸을 따뜻하게 해주는 효과가 아주 크면서 자연의 향을 느낄 수 있는 나물이다. 특히 쑥에는 비타민과 칼슘이 아주 많이 들어 있어 나물을 안 먹는 아이들과 함께 쑥갠떡을 만들어 먹으면 좋다. 아이들의 간식으로 만들려면 아이들이 먹기좋게 한 입 크기로 조물조물 만드는게 좋다. 반죽은 수제비 반죽으로 이용해도 좋고 냉장고에 넣어두었다가 그때그때 만들어 먹는 것도 좋은 방법이다.

호박이 정말 맛있어요!

늙은호박시루떡

멥쌀가루 7컵, 소금 ½큰술, 물 ¼컵, 설탕 ¼컵, 늙은호박 400g
거피팥고물 4컵, 소금 ⅓큰술

1. 멥쌀가루는 물을 준 후 설탕과 섞어주고 체에 내린다. 이때 물의 양은 호박에서 물이 많이 나오므로 약간 덜 주는 것이 좋다.
2. 호박은 씨와 껍질을 제거하고 5mm 두께로 잘라 설탕에 재워준다.
3. 찜기에 젖은 베보자기를 깔고, 맨 밑에 거피 팥고물을 한 켜 놓고, 위에 쌀가루를 편 후 설탕에 절여둔 호박을 평편하게 놓고, 다시 쌀가루를 4cm 정도 두께로 안친 다음, 거피팥고물을 뿌린다. 이런 식으로 반복하여 안치되 맨 위에는 고물을 뿌린다.
4. 김이 오른 찜통에 찜기를 올려놓고 시룻번을 붙인 다음 위에 젖은 베보자기를 덮어서 20~30분 찐 다음 불을 끄고 뜸을 들여 완성한다.

사찰식

떡과 음료

아이들과 함께 만드는
과일차

사과 말린 것 1개분, 단감 말린 것 ½개분, 황국 1큰술, 물 10컵
생강즙 ½컵, 설탕시럽 ½컵

1. 사과 말린 것과 단감 말린 것, 그리고 황국을 넣고 센 불에서 끓여주다 약불에서 은근히 졸여서 물이 ⅔남을 때까지 졸여준다.
2. 이렇게 끓인 것을 체에 걸러주고 생강즙을 섞는다.
3. 체에 걸러준 과일 차에 설탕시럽을 섞어주고 뜨겁게 또는 차게 마시면 된다.

Tip

사찰에서는 신도들의 공양물 중 과일이 제일 많은데, 신도들과 나누어 먹고 남으면 김치도 담고, 과일을 말려서 떡을 만들거나 차를 끓여서 마시는 등 다양하게 이용하고 있다. 과일은 말려서 차를 끓여 마시면 맛있는 과일차를 손쉽게 즐길 수가 있다. 특히 수행을 많이 하시는 스님들께서는 생강이 들어간 과일차를 즐겨 드셨다고 한다.

가을의 향취가 가득

국화화전

찹쌀가루 3컵, 마가루 1컵, 소금 ¼큰술, 끓는 물 적당량
국화 10송이, 꿀 ¼컵, 포도씨유 약간

1. 찹쌀가루와 마가루는 소금과 함께 체에 내려준다.
2. 고운 가루를 만들어 끓는 물에 익반죽 한다.
3. 익반죽한 찹쌀반죽은 직경 5cm 정도로 동글납작하게 빚어놓는다.
4. 국화 꽃술을 떼고 물에 깨끗이 씻어 물기를 닦아 놓는다.
5. 달군 팬에 기름을 두르고 반죽을 놓고 누르면서 지진다.
6. 뒤집어서 익은 면에 꽃을 붙여준다.
7. 구워낸 국화 화전에 꿀을 발라 완성한다.

Tip

화전 반죽은 많이 치댄 후 주물러야 떡을 부드럽게 만들 수가 있다. 떡을 지질 때에 꽃잎을 얹는 경우도 있으나 반죽에 미리 꽃잎을 붙여서 모양을 오려 내면 자연스럽다.
찹쌀가루에 마가루 등을 넣어서 냉동시켰다가 건강 간식으로 만들어 먹으면 좋다.

쫄깃쫄깃한 불가의 간식
연근정과

연근 500g, 식초 1큰술
시럽 : 조청 1컵, 설탕 3큰술, 소금 약간, 인삼물 1컵
고명 : 설탕 ½컵

1. 연근은 0.5cm 두께로 썰어서 찬물에 담가 전분기를 뺀다.
2. 손질한 연근은 냄비에 담고 물과 식초를 붓고 아주 살짝 데쳐낸다.
3. 연근을 건져서 수분을 빼준다.
4. 다시 설탕, 인삼물, 소금을 넣고 약불에서 자작하게 졸인다.
5. 자작하게 올라올 때 연근을 넣어 졸여준다.
6. 물의 양이 반 이상 줄어들면 조청을 넣고 갈색이 나도록 다시 졸인다.
7. 이렇게 졸인 연근을 체에 올려서 3~5시간 정도 말려준다.
8. 말린 연근에 설탕을 뿌려서 완성한다.

Tip

정과는 꿀이나 시럽에 투명하고 쫀득하게 졸여내는 진정과가 있고, 졸인 것을 설탕에 무쳐서 말린 건정과가 있다. 연근정과를 만들 때는 모양이 가늘고 곧은 것으로 선택해야 한다. 연근정과를 만들 때 설탕, 인삼물, 소금을 넣고 바글바글 끓어오를 때 연근을 얇게 썰어 넣고 졸인다. 시럽은 바글바글 거품이 올라오기 전까지 절대로 저어서는 안 된다. 이렇게 만든 연근정과는 냉장고에 보관해야 한다.

녹차와 함께

삼색다식

송화가루 1컵(꿀 4큰술, 녹차소금 약간), 참기름 약간
야콘가루 1작은술, 밤가루 1컵(꿀 4큰술, 녹차소금 약간), 참기름 약간
백년초가루 1작은술, 밤가루 1컵(꿀 4큰술, 녹차소금 약간), 참기름 약간

1. 송화가루에 꿀을 넣어 반죽해 비닐 팩에 넣어준다.
2. 야콘가루와 밤가루, 소금을 섞어 체에 한번 내려준 후 꿀과 섞어 반죽해 비닐 팩에 넣어준다.
3. 백년초가루와 밤가루, 소금을 섞어 체에 한번 내려준 후 꿀과 섞어 반죽해 비닐 팩에 넣어준다.
4. 이렇게 만든 각각의 반죽을 참기름을 바른 다식판에 넣어 다식을 완성한다.

Tip

우리의 전통 과자인 삼색다식은 폐백음식에 꼭 들어가는 음식이다. 다식은 생으로 먹을 수 있는 곡물을 가루로 만들어, 이것을 꿀과 함께 반죽한 다음 다식판에 박아내서 만든다. 과자 위에 수복강녕의 글귀와 함께 꽃, 문양, 그리고 무병장수를 뜻하는 물고기, 거북, 새 등의 모양을 넣어 먹으면서 복을 빌기도 하고 새해에는 선물용으로 많이 만든다. 특히 부스러기가 없다는 특징 때문에 차 마실 때 곁들여서 많이 먹는다.

다섯 가지 맛을 느끼자
오미자양갱

오미자 원액 3큰술, 흰색 팥앙금 3컵
설탕 1컵, 불린 한천 3컵, 물 3컵, 소금 약간
고명 : 잣 적당량

1. 불린 한천에 물을 넣고 뚜껑을 덮고 지키면서 끓인다.
2. 한천이 녹았으면 설탕을 넣고 으깬 흰색 팥앙금을 넣어 중간불에 오래도록 끓여서 내용물이 절반으로 졸면 오미자 원액과 소금을 넣어준다.
3. 틀에 부어서 식은 다음 기호에 따라 모양틀로 잘라주고 잣을 올려 완성한다.

Tip

오미자양갱은 쓴맛, 단맛, 매운맛, 신맛, 짠맛 등 오미자의 다섯 가지 맛이 나는데, 양갱을 만들 때 감귤, 키위 같은 과일을 이용해도 좋고 적고구마, 야콘 같은 구황식물을 이용해도 아주 좋다. 단맛이 싫다면 설탕보다 꿀을 이용해도 좋다.

가을의 향취가 물씬
호박고지범벅

멥쌀가루 5컵, 건포도 ½컵, 단호박 ¼쪽
호박고지 1컵, 설탕 4큰술, 소금 1작은술

1. 단호박은 믹서에 갈아 즙만 준비하고 호박고지는 송송 다져준다.
2. 멥쌀가루에 단호박 즙을 넣고 물기를 내려준다.
3. 호박즙을 먹인 쌀가루에다 소금과 설탕을 고루 섞고 건포도와 호박고지를 넣어 버무린다.
4. 체에다 젖은 보를 깔고 떡쌀을 얹고 보를 덮어 찜통에서 20~30분간 찐다.
5. 다 쪄진 호박고지범벅을 고루 섞어 완성한다.

Tip
호박고지범벅은 버무리라고도 한다. 추수가 지난 다음 농번기에 즐겨 만들어 먹던 우리 전통의 떡이다. 봄에는 쑥 버무리 등 자연에서 나온 먹을거리를 농한기 때 천연의 간식으로 이용하였다. 또 다른 떡처럼 만들기 힘든 것이 아니라 쌀가루만 있으면 손쉽게 만들 수 있는 떡이므로 누구나 도전해 볼 수 있는 떡이다.

한입에 첨벙

꽃전병

찹쌀가루 5컵, 소금·설탕 약간씩, 쑥가루 1작은술, 참기름 약간
소 : 흰색앙금 2컵
고명 : 대추 10알

1. 흰색앙금은 작은 포도알 크기로 잘라서 원형으로 만들고 대추는 꽃모양으로 잘라준다.
2. 찹쌀가루에 소금, 설탕을 넣어 찰떡을 만든다.
3. 찰떡에 쑥가루를 넣어 반은 쑥 반죽으로 만든다.
4. 만들어진 흰색 반죽과 쑥 반죽을 만두 밀듯이 밀대로 밀어준 후 주전자 뚜껑으로 원형으로 잘라 찹쌀 피를 만든다. 이때 비닐 팩을 깔고 미는 것이 좋다.
5. 찹쌀 피에 앙금을 넣어 감싸준 후 대추를 올리고 참기름을 약간 발라 완성한다.

사찰식 떡과 음료

진시황제도 좋아한
우엉더덕꿀차

우엉 30cm 2개, 더덕 4뿌리
검정깨 ½컵, 꿀 1컵, 생강즙 1큰술, 소금 약간
시럽 : 흑설탕 1컵, 물 ½컵, 청주 1컵

1. 우엉은 껍질을 벗겨 어슷하게 썰어 냉수에 담가둔다
2. 더덕은 어슷하게 썰어 소금물에 담아 아린 맛을 빼준다.
3. 우엉과 더덕의 물기를 완전히 빼준다.
4. 더덕과 우엉을 꿀에 담가준다.
5. 시럽을 만든다.
6. 검정깨를 생강즙과 함께 믹서에 갈아준다.
7. 시럽과 검정깨생강즙을 섞어준다.
8. 병에 꿀에 잰 더덕과 우엉, 검정깨 시럽을 섞어준다.

Tip

우엉 더덕 꿀차는 냉장고에서 1주일 동안 보관한다. 1주일 후에 믹서에 갈아주어도 아주 좋다. 우엉 더덕 꿀차에 발효가 일어나면 발효가 일어난 상태로 응용이 가능한데 샐러드소스, 생선구이소스, 떡을 찍어 먹을 때 아주 좋다. 진시황이 불로초를 찾아오라고 명을 내려 우엉과 더덕을 구해왔다는 일화가 있듯이 우엉과 더덕 그리고 검정깨는 노화를 막아주고, 특히 우엉은 몸 안의 스트레스로 생기는 독소를 제거해주는 효과가 있다. 산에서 나는 우엉과 더덕으로 음식을 많이 만들어 드셨던 스님들의 건강비법이기도 하다.

구 본 신

2006년 12월 에스코퓌에 디플로마 자격취득
2007년 홍승스님 사찰요리 기초과정 수료
2008년 사찰음식연구소 공양간 사찰음식 고급반 수료
현) 일본음식 전문점 이자까야 모토 대표
　　사찰음식연구소 공양간 연구반 회원

'음식이 바로 약이다' 라는 신념으로 식자재 한 가지라도 정성스럽게 손질하면서 음식을 만들고 있다. 홍승스님께 배운 사찰음식의 기초과정을 통해 자연에서 얻어지는 산나물들의 뛰어난 약효를 알아가면서 점점 약선음식의 매력에 빠졌다. 현재 일본음식 전문점을 운영하면서 일본의 약선 음식에 대해서도 연구 중이며, 음식 하나를 만들더라도 먹는 사람에게 약이 되는 음식을 만들기 위해 재료 선택에서부터 몸에 도움이 되는 식재료를 사용하려 노력하고 있다.

Part 4
사찰식 약선음식

약선음식이란 음식을 통해 몸의 평형능력을 유지하고 자연치유력을 활성화시켜 건강을 유지해주는 음식을 말한다. 약재를 이용한 음식만을 약선음식이라고 말하는 것은 좁은 의미이며, 산에서 나는 야생초나 들에서 나는 나물일지라도 음양오행의 원리에 의해 적절히 배합하여 몸의 기운을 돋워준다면 그것이 곧 약선음식이라 할 수 있다. 제철에 나오는 재료로 만드는 제철음식이야말로 가정에서 만들어 먹을 수 있는 최고의 약선음식이라 할 수 있는데, 제철재료를 구하는 것이 그리 쉬운 일은 아니다. 하지만 가족의 건강을 위해 조금의 수고가 들더라도 몸에 좋은 사찰식 약선음식을 만들어 보자.

몸이 건강해져요

약선기름

황기 2줄기, 당귀 20g, 기름 500ml, 고추기름 5큰술

1. 황기는 가위로 잘게 잘라준다.
2. 황기와 당귀는 흐르는 물에 씻어 키친타월을 이용해 물기를 완전히 제거한다.
3. 냄비에 기름 2컵 정도를 부은 다음 팔팔 끓여준다. 나머지 기름을 넣고 10분 정도 약간 불에서 끓여준다.
4. 완전히 식혀준 다음 기름 속에 있는 한약재를 꺼낸다.
5. 약선 기름이 완성되면 고추기름과 섞어서 살짝 끓여준다.

Tip

약선기름은 말 그대로 한약재로 만든 기름으로 약리효과가 있다. 옛날에는 오랜 시간 동안 약재를 증기로 쪄서 기름을 받아내었지만 요즘은 약식으로 만든다. 약선기름은 지방이 많은 햄이나 고기를 이용한 요리에 활용도가 크다.

쑥차더덕채볶음

더덕 200g, 쑥차 ½줌, 소금 ½큰술, 약선기름 1큰술
양념장 : 간장 1큰술, 설탕 ½큰술, 깨소금 1큰술, 식초 1큰술

1. 더덕은 흙을 깨끗이 씻어 물기를 빼고 껍질을 벗겨낸다.
2. 쑥차를 물에 불려 준비한다.
3. 마른 행주를 깔고 더덕을 방망이로 자근자근 두드려 잘 펴서 물에 담가 쓴 맛을 우려낸다.
4. 더덕을 소금물에 담근 상태로 찢어준 후 물기를 완전히 제거한다.
5. 불린 쑥차도 물기를 완전히 제거한다.
6. 양념장을 만들어 더덕과 쑥을 각각 무쳐 간이 배게 한다.
7. 달구어진 팬에 더덕과 쑥을 한데 다시 섞어 살짝 볶아 무쳐서 낸다.

간장이 아니야

약선간장

조선간장 5컵, 조청 1컵, 사과 ¼쪽
진피 1개분, 표고버섯 1개분, 새송이버섯 말린 것 1개분
유근피 5g, 대추 2알, 감초 3쪽, 생강청 ½컵, 헛개나무잎 약간

1. 조선간장에 조청과 생강청을 뺀 나머지 재료를 넣고 센불에서 끓이다 약불에서 끓여준다.
2. ⅓정도가 줄어들면 조청과 생강청을 넣고 약불에서 3~5분 정도 끓여준다.
3. 이렇게 끓인 간장을 체에 한 번 내려 완전히 식으면 병에 보관한다.

Tip

약선간장은 한약재의 은근한 향이 나서 여러 가지 조림과 볶음류에 활용하면 좋다. 건강식을 좋아한다면 싱크대에 없어선 안 되는 조미료이다.

양송이조림

양송이버섯 12개, 물엿 1작은술
조림장 : 쌀뜨물 ½컵, 약선간장 1큰술, 약선기름 ½큰술, 생강청 1큰술
고명 : 통깨 · 실고추 약간씩

1. 쌀뜨물을 뺀 나머지 재료로 양념장을 만든다.
2. 양송이는 껍질을 벗기고 기둥은 떼어낸다.
3. 프라이팬에 조림장이 끓어오르면 양송이를 약불에서 졸인다. 이때 쌀뜨물을 넣어가면서 타지 않게 졸여준다.
4. 국물이 자작해지면 물엿을 넣어 윤기를 내어준다.
5. 통깨와 실고추로 고명을 올려 완성한다.

사찰식

약선음식

밥 비벼먹고 싶다
약선고추장

산수유 2큰술, 물 1컵, 건고추 2개, 고운 고춧가루 1컵, 고춧가루 1컵
생강청 3큰술, 소금 1큰술, 매실청 2큰술, 볶은 콩가루 1큰술
시럽 : 물 2컵, 설탕 1컵, 물엿 ½컵

1. 산수유를 물 1컵과 건고추 2개를 넣고 1시간 정도 불려서 믹서에 갈아준다.
2. 고운 고춧가루, 고춧가루, 소금을 한데 섞어 체에 내려준다.
3. 시럽을 만들어 시럽이 뜨거울 때 체에 친 고춧가루와 섞어준다.
4. 만들어진 고추장에 갈아준 산수유 고추와 볶은 콩가루를 넣고 다시 섞어준다.
5. 생강청, 매실청을 넣고 다시 섞어준 뒤 실온에서 1~2일 정도 숙성시켜주면 더욱 맛이 좋다.

Tip

한약재가 들어간 약고추장은 부침, 볶음, 샐러드에 활용하면 잡냄새를 제거해주는 효과가 탁월하고 매운맛이 덜해 아이들도 무척 좋아한다.

더덕철판구이

더덕 300g, 소금 약간, 들기름 약간, 검정깨 약간
양념장 : 참기름, 깨소금, 약선고추장 2큰술, 간장, 고춧가루
　　　　생강청, 물엿 1큰술, 통깨 약간, 홍시 ¼쪽

1. 더덕은 편으로 썰어 소금물에 담가준다.
2. 더덕을 편으로 길게 자른다.
3. 홍시를 믹서에 갈아 소스를 만든다.
4. 양념장에 버무려 무쳐준다.
5. 달구어진 팬에 중불에서 살짝 볶아준다.
6. 철판에 들기름을 발라 달군 뒤 무쳐낸 더덕을 올려 흑임자를 뿌린다.

부드러움이 입안에

연근더덕죽

더덕 2뿌리, 연근 10cm, 율무 ⅓컵, 녹차소금 약간, 물 4컵, 우유 1컵

1. 더덕은 씻어 껍질을 벗겨 먹기 좋은 크기로 자른다.
2. 연근도 씻어 먹기 좋은 크기로 자른다.
3. 더덕과 연근을 끓는 물에 살짝 데친다.
4. 율무는 5시간 전에 불려 물 2컵을 넣고 믹서에 간다.
5. 냄비에 갈아준 율무와 더덕, 연근을 넣고 끓이고 다시 물 2컵을 넣고 끓여준다.
6. 이렇게 끓이다 다시 우유를 넣고 끓여주고 농도를 맞춰준다.
7. 먹기 전에 소금으로 간을 한다.

Tip

연근은 껍질을 벗기자마자 갈색으로 변하고 또 아린 맛이 나는데 식초 물(물 1ℓ, 식초 1큰술)에 담가두면 해결된다. 연근의 흰빛을 내고 씹는 맛을 좋게 하려면 식초 물에 담갔다가 다시 더운물 2컵에 식초 2큰술 비율로 살짝 데쳐준다. 식초의 작용으로 연근 특유의 찰기가 변해서 씹는 맛이 좋아지고 연근 특유의 아린 맛이 사라진다.

사찰식

약선음식

약식이 새로운 옷을 입다
황기과일영양약식

찹쌀 2컵, 멥쌀 ½컵, 야콘 가루차 약간, 녹차소금 약간
말린 과일(사과, 단감, 꽃감, 자두 등) 200g, 잣 ½큰술, 연자 1큰술, 대추 2개
밥물 300ml : 황기 4줄기, 대추 5개, 물 400ml

1. 찹쌀과 멥쌀은 씻어 물기를 빼 건져 놓는다.
2. 물 400ml를 황기와 대추를 넣고 끓여서 밥물 300ml로 만들어 주는데 이때 대추씨는 제거해준다.
3. 말린 과일은 조그만 하게 잘라준다.
4. 잣은 고깔을 떼어주고, 연자는 물에 불렸다가 먹기 좋은 크기로 잘라준다.
5. 찹쌀과 멥쌀, 죽염을 넣고 약밥을 한다.
6. 뜸이 들기 시작하면 말린 과일, 잣, 연자를 넣고 약밥을 한다.
7. 마지막으로 야콘 가루차를 넣어주고 모양을 만들어 완성한다.

Tip

일반적인 약식은 흑설탕이 들어가 단맛이 강하다. 하지만 과일로 단맛을 내준 색다른 약식은 식으면 식을수록 더 맛있는 것이 특징이다. 황기 과일영양 약식을 맛있게 먹으려면 뜨거울 때는 그냥 약식으로 먹고, 식어도 맛이 좋기 때문에 도시락으로 이용해도 좋다. 이때는 장아찌와 함께 먹으면 아주 잘 어울려 더욱 색다른 맛을 느낄 수가 있다.

사찰식 약선음식

아침에 한 잔

약초선식

불린 잡곡 2컵, 발아현미 1컵, 당귀가루 3큰술, 청국장가루 2큰술, 건조 톳 1큰술
인삼가루 1큰술, 마가루 1큰술, 야콘 가루차 ½큰술
대추 끓인 물 1컵 : 대추 5알, 물 2컵

1. 잡곡과 현미는 최소 5시간 전에 불려서 물기를 빼준다.
2. 대추 5알과 물 2컵을 넣고 끓여서 대추 물 1컵을 만들어준다.
3. 잡곡과 발아현미는 물기를 빼 준 상태에서 은근한 불에서 볶아준다.
4. 볶으면서 대추 물을 넣어가며 볶는다.
5. 잡곡이 완전히 볶아지면 건조 톳을 넣고 분쇄기에 갈아준다.
6. 청국장가루, 당귀가루, 인삼가루, 마가루, 야콘 가루차를 넣고 섞어준다.

Tip

가루음식이라 위가 안 좋거나 소화가 잘 안 되는 사람이 먹기에 거북하다고 생각할 지 모르겠지만, 발아현미가 들어가고 여러 가지 잡곡이 들어가서 위에 부담이 없고 고소한 맛이 입 안에서 맴돌아 아주 매력적이다. 선식을 먹을 때는 얼음설탕을 섞어먹으면 훨씬 좋고 야콘 가루가 들어가서 설탕을 많이 안 넣어도 좋다. 또 꿀과 함께 되직하게 반죽한 후 다식으로 만들어 먹으면 좋은 간식이 될 수가 있다.

아삭이는 도라지의 맛

길경만두

길경 1컵(참기름 약간+맛간장 약간+설탕 약간)
데친 우거지 1줌, 두부 ¼쪽, 데친 숙주 1줌, 느타리버섯 1줌, 생강청 1큰술
참기름 약간, 흰후추 약간, 소금 약간, 설탕 약간, 통깨 약간, 만두피 20장
곁들이장 : 간장 3큰술, 사과식초 2큰술, 생와사비 약간

1. 길경은 설탕을 약간 넣고 물에 담가 30분 정도 불린 뒤 물기를 꼭 짜준다.
2. 양념장으로 양념을 해준 후 송송 다진다.
3. 우거지와 숙주도 흐르는 물에 씻어 소금으로 밑간을 한 후 송송 다져준다.
4. 두부는 물기를 꼭 짠 후 곱게 다져준다.
5. 두부, 길경, 우거지, 숙주를 한데 섞어 통깨와 소금, 후추로 추가 간을 해주고 반죽해 소를 만든다.
6. 만두피를 이용해 만두를 만든다.
7. 찜기에서 10분 정도 쪄 주고 곁들이 장과 함께 완성한다.

Tip

길경은 도라지를 말린 것이다. 길경을 물에 불려 양념해서 볶아먹으면 불고기 씹는 맛을 느낄 수가 있는데 고기를 싫어하는 사람들에 아주 좋은 만두라고 할 수가 있다. 생와사비에 찍어먹으면 그 맛이 더욱 좋다.

이 맛에 빠져빠져

도라지무밥

쌀 1컵, 현미 3큰술, 무 200g, 통도라지 2뿌리, 배 ½개, 인삼 1뿌리
밥물 : 통도라지 1뿌리, 물 3컵, 인삼 잔뿌리
양념장 : 조선간장 3큰술, 다진 양파 1큰술, 통깨 약간

1. 밥물을 끓이고 현미와 쌀은 미리 불려준다.
2. 통도라지 껍질을 벗기고 배즙에 20분 정도 담가둔다.
3. 배즙에 담가 둔 도라지를 먹기 좋은 크기로 잘라준다.
4. 무는 곱게 채 썰고 인삼도 채 썬다.
5. 양념장을 만든다.
6. 냄비에 무채와 인삼채를 썰어 넣고 쌀과 도라지를 고루 섞어 밥을 한다.
7. 양념장과 함께 완성한다.

Tip

도라지 무밥은 양념장이 포인트라고 할 수가 있다. 도라지와 무가 들어갔지만 양념장 덕분에 아주 부드럽고 고소한 맛을 느낄 수 있으며 환절기 때 감기, 기관지 등의 치료효과를 얻을 수 있다. 또한 담배를 많이 피우는 분들의 목을 보호하고 폐를 보호하는데 아주 특효를 볼 수 있는 약선음식이라 할 수 있다.

국물 맛에 밥 한그릇
한방백김치

절인배추 1포기, 청고추 2개, 대추 3~4알, 밤 3개, 수삼 1뿌리, 생강 1통
사과 ½개, 배 ¼개, 무 ¼조각, 녹차소금 약간
국물 : 황기 1뿌리, 당귀 10g, 물 8컵, 다시마(5×5cm) 1장, 표고 1장, 매실청 2큰술

1. 청고추는 곱게 채 썰고, 무는 채 썰어 소금에 살짝 절여준다.
2. 대추와 밤, 수삼도 곱게 채 썬다.
3. 황기와 당귀, 그리고 다시마, 표고를 넣고 먼저 약물을 끓여준다.
4. 생강은 편으로 썰어준다.
5. 사과와 배는 껍질째 얇게 편으로 썬다.
6. 만들어진 국물에 매실청과 녹차청으로 간을 한 뒤 사과, 배, 생강을 넣어 국물을 만든다.
7. 배추 사이사이에 무, 밤, 수삼을 끼워주고 국물을 부어 완성한다.
8. 실온에서 하루, 냉장고에서 3일 후에 맛있게 먹을 수 있다.

Tip

한방 백김치에는 황기를 약물로 끓여서 넣어주는데 황기를 사용할 때는 한 가지만 주의하면 된다. 황기는 실온에서 다른 한약재보다 질 쉰다는 단점이 있기 때문에 김치를 만든 뒤에는 냉장고에 바로 넣어주는 것이 좋다. 특히 황기와 당귀는 궁합이 잘 맞고 기를 상승시켜주는 한약재이므로 여름철 기운 없을 때 먹으면 좋다

산에 나물 뜯으러 가자

산야초비빔밥

현미밥 4공기, 치자묵 1/5쪽
당귀잎 1줌, 청치커리 1줌, 겨자잎 1줌, 잔대뿌리 1줌, 콩나물 2줌, 소금 약간
비빔장 : 된장 1큰술, 고추장 1큰술, 표고버섯가루 약간, 다진 풋고추 1개분
        다진 생밤 1개분, 다진 해바라기씨 1큰술, 들기름 1큰술

1. 비빔장 재료로 비빔장을 만들어 1~2시간 정도 숙성시켜준다.
2. 당귀잎, 청치커리, 겨자잎은 채 썰어준다.
3. 콩나물은 뜨거운 물에 데쳐서 물기를 빼주고 치자 묵은 채 썬다.
4. 잔대뿌리는 껍질을 벗기고 소금에 살짝 절였다가 곱게 채 썬다.
5. 비빔밥 그릇에 현미밥을 담고 잔대 뿌리와 콩나물을 올리고 당귀잎, 청치커리, 겨자잎을 올린 후 치자묵을 고명으로 올린다.
6. 비빔장과 함께 완성한다.

Tip

여러 가지 산나물 등과 함께 먹는 비빔밥인 만큼 생채소를 그대로 먹는 것이 씹는 맛을 더욱 느낄 수 있다. 또 고추장보다는 된장으로 비벼먹는 것이 깊은 맛이 나고 좋다.

기력을 찾고 싶으면

배연근고

배 1개, 연근즙
생강즙 1큰술, 얼음설탕 ½컵

1. 연근은 깨끗이 씻어 껍질을 벗긴 후 강판에 갈아 즙을 내어 준 후 생강즙을 섞어준다
2. 배는 깨끗이 씻어 꼭지 부분을 뚜껑으로 이용하게 잘라준 다음, 속을 파내고 황설탕과 연근즙을 넣는다.
3. 뚜껑을 덮은 배를 은박지에 싸서 미리 달구어진 석쇠 위에 올려 약한 불에서 20~30분 정도 굽는다.
4. 배즙이 나오면 불에서 내리고 배의 우러난 물을 마신다.

Tip

연근에는 식이섬유와 비타민 C, 철분 등이 다량 들어있다. 기침이나 호흡기 질환에 약효가 있고 배와 궁합이 잘 맞아 환절기 감기 예방에 효과가 있다. 가을이 제철인 연근을 배와 함께 음식으로 이용하면 웬만한 약보다 더 좋은 효과를 볼 수 있다고 한다.

정말 새로운 두부의 맛

석이버섯두부

두부 만들기(2모 분량) : 불리기 전에 검정콩 4컵, 석이버섯가루 1큰술
간수를 대신할 단촛물 : 천일염 밥수저로 깎아서 2숟갈, 식초 6숟갈, 물 6숟갈
곁들이 김치 : 볶은 신김치 1포기

1. 콩은 4컵은 미리 물에 반나절 정도 불려놓았다가 콩껍질을 손으로 비벼 벗긴다.
2. 간수를 대신할 단촛물, 소금 2숟갈, 식초 6숟갈, 물 6숟갈을 준비해준다.
   이때 소금은 천일염을 사용한다.
3. 불린 콩을 믹서에 갈고 굵은 체로 한 번 걸러준다.
4. 체에 걸러 콩국물만 따라서 냄비에 붓고 석이버섯가루를 섞어 끓여준다. 끓어오르기 시작하면 물 반컵을 넣고 다시 한 번 끓이고 또 끓어오르기 시작하면 나머지 물 ½컵을 넣고 콩국물을 조금 가라앉힌다.
5. 콩물이 좀 가라 앉을 때 단촛물을 넣고 주걱이 바닥에 닿게 천천히 단촛물이 바닥까지 스미게 천천히 아주 천천히 바닥을 한번 저어준다. 이때 몽글몽글하게 콩국물이 뭉쳐지는데 이게 바로 순두부다.
6. 미리 만든 순두부를 면보에 싸서 두부틀에 넣어주고 누름개로 꾹 눌러 20분쯤 지나면 두부가 완성된다.
7. 볶은 김치와 함께 완성한다.

Tip

석이버섯은 공해가 없는 깊은 산에서 자라는 만큼 놀라운 약효가 있다고 하여 흑지, 석지라고도 한다. 또한 석이는 담백해서 요리에 아주 많이 사용되고 있다. 특히 사찰에서는 국이나 찌개, 볶음, 잡채 등에 많이 사용되어 왔다.
석이는 맛도 맛이지만 약효가 아주 뛰어나다. 특히 석이버섯물이 변비에도 특효가 있는데 따로 물을 끓여서 마실 필요 없이 국을 이용해 음식을 만들어 먹으면 바로 1석 2조의 효과를 볼 수가 있다. 옛날 문헌에는 현종 임금에게 석이버섯 잡채를 진상하여 기력을 강화시켰다고 전하며, 별당이 참판 벼슬로 승진한 일화가 있듯이 옛날 궁중 연회에서 석이단자는 빠지지 않는 음식이다.

전혀 짜지 않아요

검정콩조림

숙지황 30g, 맥문동 20g, 검정콩 200g
생강청, 조청 3큰술, 통깨 약간

1. 검정콩은 씻어서 1시간 정도 물에 불려준다.
2. 맥문동은 살짝 쪄준 후 생수 4컵을 넣어서 20분 정도 중불로 달여서 검정 물을 만들어준다.
3. 만들어진 물에 검정콩을 넣는다.
4. 검정콩을 중불에서 졸여준다.
5. 국물이 ⅓정도 남았을 때 미림을 넣고 다 졸여지면 조청, 통깨를 넣어 마무리한다.

Tip

간장이 전혀 안 들어가고 콩장을 만드는 것이므로 아이들에게 나트륨을 덜 먹일 수가 있어서 더욱 좋은 반찬이라고 할 수가 있다
반찬이기보다는 간식으로 즐겨 먹어도 좋은 검정콩조림은 한약재가 들어갔으면서도 아이들이 한약재가 들어있는지 모르는 반찬으로 허약한 체력을 가진 아이들에게 좋다.

한입에 쏙

건강콩경단

찰현미 2컵, 콩가루 1컵, 서리태콩 1컵, 연근가루 ½컵, 건포도 ½컵
소금 약간, 참기름 약간

1. 9시간 불린 찰현미를 소금을 넣고 빻는다.
2. 서리태는 물에 불려서 한 번 삶아준다.
3. 찜기에 현미가루, 콩가루, 연근가루, 소금을 섞어주고 체에 한 번 내려준다.
4. 가루와 찐 콩을 익반죽해 한데 섞은 뒤 주먹으로 쥐어서 몽실몽실하게 만든다.
5. 찜기에 고루 넣고 김이 오른 찜 솥에서 20분 정도 쪄준다.
6. 다 쪄지면 참기름을 바르고 식혀준다

Tip

먹고 남은 현미 콩떡은 냉동실에 넣어두었다가 밤에 심심할 적에 프라이팬에 구워서 조청을 뿌려 먹으면 그 맛이 아주 일품이다. 현미가루를 불리는데 시간이 오래 걸리지만 현미가루 말고 보리, 율무 같은 것을 이용하면 아이들의 건강식으로 최고라 할 수 있다.

국수 말아먹자

백년초물김치

백년초 2알, 무 1개(1kg), 무청 1줌, 삭힌고추 5개, 청고추 2개, 홍고추 2개, 물 15컵
소금 ½컵, 매실청 1큰술, 배즙 1컵, 생강즙 2큰술

1. 무는 씻고 손가락 크기로 썰어서 소금에 절여준다. 이때 무청도 함께 절여준다.
2. 청고추, 홍고추는 어슷하게 썬다.
3. 물 15컵에 백년초와 배를 갈아 넣고 하루 동안 담가 분홍색물을 만든다.
4. 무가 절여지면 무를 건져준다. 이때 무에서 나온 절임물을 버리지 않고 따로 준비한다.
5. 김치통에 백년초물, 무, 무청을 넣어주고 채 썬 청홍고추와 삭힌 고추도 함께 넣고 매실청, 배즙, 생강즙을 넣어 간을 한다.
6. 다 만들어진 백년초물김치에 무를 절이고 남은 물로 추가간을 한다.
7. 실온에서 하루, 냉장고에서 3~4일 후에 숙성시켜 완성한다.

Tip

원래 사가에서는 무가 들어가는 김치를 담글 때 소금과 함께 '뉴슈거'라는 것을 넣어서 단맛을 내어준다. 설탕보다는 단맛이 강하다는 사카린이 들어가는 '뉴슈거'는 김치에 들어가면 김치 맛을 깨끗이 해주면서 깔끔한 맛과 동시에 단맛도 내어준다. 하지만 사카린은 화학 첨가물이기 때문에 사용하면 안 된다. 이럴 때 절에서는 배즙, 사과즙을 이용했다. 설탕을 넣게 되면 국물이 탁해지는데 과일즙을 넣으면 단맛은 덜하지만 그래도 자연의 단맛을 느끼면서 깨끗한 국물을 맛볼 수가 있다. 소면이나 메밀국수를 만들어 먹으면 금상첨화다.

노 종 희

2006년 서울세계관광음식박람회 학생단체 더운요리경연 금상수상
2006년 서울세계관광음식박람회 학생단체 찬요리경연 금상수상
2006 전국 창작요리대회 은상수상
사찰음식연구소 사찰음식 고급과정 수료
현) '어머니가 차려주는 식탁' 한정식당 조리사

호텔조리과를 졸업하면서 한국음식에 대한 열정을 키워 나가며 연구하는 젊은 요리사이다.
 '어머니가 차려주는 식탁' 요리사로 근무하며 외국인 고객을 자주 접하는 그는 세계인의 입맛을 사로잡는 한국음식 메뉴 개발을 위해 항상 고민하며 연구하고 있다. 다양한 분야의 요리를 접하고 경험을 쌓아가고 있으며, 최근엔 자연음식인 사찰음식에서 한국음식 세계화의 가능성을 보고 사찰음식을 접목한 독창적인 한식 메뉴를 개발하기 위해 노력하고 있다.

Part 5
사찰식 김치

한국인에게 김치처럼 친근한 반찬이 또 있을까 싶다. 김치는 만드는 재료에 따라 지역에 따라 그 종류가 수 백 가지에 이르는데, 사찰식 김치 또한 사찰에 따라 그 맛과 종류가 다양하다. 사찰식 김치의 특징은 일반 김치보다 맵지 않고 자극적이지 않으며 담백하고 깔끔하면서 깊은 맛과 감칠맛을 낸다. 여기서 소개하는 사찰식 김치는 집에서도 손쉽게 사찰식 김치를 담글 수 있도록 사찰의 전통 방법을 재정립하였다.

가을의 별미

감동치미

단감 6개, 미나리 1줌, 청고추 2개, 홍고추 1개, 대추 약간, 대나무 잎 몇장
국물 : 채수 5컵, 소금 1큰술, 미나리뿌리 1단, 생강즙 ½큰술, 사과즙 ½컵

1. 단감은 꼭지를 떼고 4~6쪽으로 자른다. 대나무 잎은 씻어 물기를 빼준다.
2. 미나리는 물에 살짝 데친 후 가닥가닥 묶어준다.
3. 청고추와 홍고추는 어슷하게 썰어주고 대추는 채를 썰어준다.
4. 채수와 미나리뿌리를 넣고 끓이다 소금으로 간을 하고 식힌 후 생강즙, 사과즙을 넣는다.
5. 옹기에 단감, 미나리, 청고추, 홍고추, 대추채를 넣고 마지막에 대나무 잎을 함께 넣은 후, 국물을 부어 3일 정도 숙성시켜 완성한다.

Tip

감동치미용 감을 고를 때는 단감으로 딱딱한 것을 선택해야 맛이 더 좋다. 사찰식 김치에는 파와 마늘을 넣지 않기 때문에 대나무 잎을 넣으면 더욱 시원한 맛을 느낄 수 있고 입맛을 돋우는 효과가 있다.

사찰식 김치

고소함이 입맛을 살리는
가지지진김치

가지 8개, 참기름 2큰술
양념장 : 조선간장 1컵, 표고버섯젓갈 ½컵, 고추씨 2큰술, 채수 ½컵
　　　　흑생강청 ½컵(흑설탕 2큰술+청주 ½컵+생강 약간), 식초 ½컵

1. 가지는 날씬하고 길쭉한 것으로 골라 길이로 4등분해 참기름에 지져준다.
2. 채수에 고추씨를 한 번 끓여서 식혀준다. 식힌 채수를 걸러준다.
3. 흑생강청을 만들어 양념장을 만든다.
　　이때 양념장이 다 끓고 난 뒤, 불을 끄고 식초를 넣어준다.
4. 양념장을 구워 낸 가지에 부어준다.
5. 5~10일 후부터 먹을 수 있다

Tip

가지는 길고 윤기가 나는 것으로 선택해야 한다. 가끔 주부들은 통통한 것이 살집이 많아 더 좋은 줄 알고 선택을 하는데, 가지김치나 가지 지진 김치만큼은 길쭉하고 모양이 쭉 빠진 것으로 선택한다. 그 이유는 가지는 두껍고 살집이 많은 것은 수분도 많이 나오고 또 씨가 많이 들어서 김치로 이용하기에는 별로 좋지 않기 때문이다. 이 점만 주의하면 가지김치를 담글 때 반은 성공했다고 볼 수가 있다. 또 가지는 늦가을에 잘 못 사면, 쓰고 딱딱해 먹을 수가 없으니 늦가을에 가지를 살 때는 항상 주의해야 한다.

밥 한 그릇 뚝딱

총각무동치미

총각무 2단(약 3kg), 천일염 2컵, 삭힌 고추 20개, 홍고추 4개, 생강 1통, 배 ½개
국물 : 찹쌀풀(찹쌀가루 1큰술, 물 ½컵), 소금 ½컵, 사과즙 1컵, 채수 4ℓ

1. 총각무를 천일염 2컵에 절인 다음 씻어서 건져둔다.
2. 절여진 총각무를 한 개씩 무청과 함께 묶어서 먹기 좋게 준비한다.
3. 생강은 아주 얇게 저며 주고 삭힌 고추는 꼭지를 정리해 준비한다.
4. 홍고추는 어슷하게 썰고 배는 한입 크기로 숭덩숭덩 썰어준다.
5. 채수는 여러 가지 야채를 넣고 끓인 물로 식혀서 준비하고 채수에 소금과 사과즙을 넣고 잘 저어준 뒤 찹쌀풀을 넣고 잘 젓는다.
6. 옹기에 총각무를 켜켜이 담고 사이사이 삭힌 고추를 넣어주고 저민 생강과 배를 넣는다.
7. 마지막으로 만들어진 국물을 넣어 완성한다.

Tip

총각무 동치미는 상온에서 3일 정도 익혀서 익은 냄새가 나면 김치냉장고에 한 달 정도 넣어 천천히 익힌다. 무김치에 설탕을 넣으면 국물이 깨끗해지지 않기 때문에 대신 사과즙이나 배를 좀 더 많이 넣으면 훨씬 깨끗한 국물을 맛볼 수가 있다. 만약 김장 김치로 담글 때는 대나무 잎이나 연잎을 함께 마지막에 넣어주면 고랭이(위에 끼는 곰팡이 같은 것)가 덜 낀다. 그리고 청각 등을 넣으면 훨씬 시원한 맛을 느낄 수가 있다.

사찰식 김치

어멈아 시루떡 먹자

백동치미

절인 배추 2포기, 무 1/5쪽, 표고버섯 1개, 청·홍고추 1개씩, 미나리 ½줌, 사과 ½개
레몬즙 약간
양념물 : 채수 10컵, 사과즙 1컵, 매실 엑기스 1큰술, 표고버섯젓갈 1큰술
　　　　생강즙 약간, 천일염 약간, 무 절인 물 약간

1. 무는 채 썰어 소금에 살짝 절여 꼭 짠다. 이때 무를 물에 헹구지 않기 때문에 소금에 너무 많이 절이지 않고 무를 절인 물은 버리지 않는다.
2. 표고버섯과 청·홍고추는 채 썰고, 미나리는 5cm 길이로 잘라준다. 이때 미나리 잎을 버리지 말고 채수 끓일 때 함께 넣어 끓여준다.
3. 사과는 채 썰어 레몬즙을 살짝 뿌려주어 갈변을 막아준다.
4. 표고버섯과 무, 청·홍고추를 무 사이사이에 끼워 넣는다.
5. 용기에 담고 양념 물을 붓는다. 이때 무 절인 물을 넣어 간을 맞춰준다.

Tip

백김치는 최소 하루 정도를 실온에서 숙성시킨 다음 냉장고에 넣어야 제 맛이 난다.
또 표고버섯을 너무 많이 넣게 되면 백동치미가 예쁜 색깔이 나지 않는다. 대추를 넣을 때는 고명 정도로 넣어주는 것이 좋다. 대추 역시 백 동치미 속에서 불어 색을 예쁘게 하지 않으니 이 점을 주의해야 한다. 채수를 끓일 때 미나리 잎 부분을 넣어주면 속을 편안하게 해주면서 시원한 맛을 내주는 효과가 있어 더욱 시원하고 개운한 국물을 맛볼 수가 있다.

깔끔한 맛이 최고

배추고갱이김치

배추 2포기분의 고갱이, 꽃소금 ½컵, 청고추 2개, 홍고추 2개, 생강 2쪽
양념 : 표고버섯젓갈 2큰술, 채수 1컵, 고춧가루 1컵, 호박즙 1컵, 소금 적당량
　　　찹쌀풀 1컵(물 1컵+찹쌀가루 1큰술)

1. 배추는 반으로 잘라 배추 소만 따로 준비한다.
2. 배추소를 씻어 꽃소금에 살짝 절인 뒤 물기를 빼준다.
3. 생강과 청고추, 홍고추는 믹서에 갈아준다.
4. 갈아준 양념에 모든 양념 재료를 넣고 섞은 뒤 최종 양념을 만든다.
5. 절인 배추소를 양념장에 버무린 후 용기에 담아 냉장고에 보관한다.

Tip

배추고갱이란 배추의 연한 속을 일컫는 우리말로 연한 배추 속의 고소한 맛이 좋아 쌈이나 된장국으로 많이 이용한다. 배추고갱이 김치는 연하고 고소한 노란 배추 속만을 사용하여 감칠 맛 나는 양념에 버무린 겉절이 김치인데, 사찰의 행사 때 주로 많이 만들어 먹는다. 사찰에서는 김장을 담고 남은 배추를 땅을 파고 묻어둔 후 봄철에 입맛 없을 때, 김치가 떨어져갈 때 고갱이로만 김치를 담는다.

입맛 잡아주는

고들빼기김치

고들빼기 2kg, 천일염 2컵
양념장 : 고춧가루 1컵, 고운고추가루 1컵, 찹쌀밥 1컵, 생강 2톨, 표고버섯젓갈 ½컵
홍고추 5개, 매실청 2큰술, 호박즙 1컵, 통깨 3스푼, 천일염 약간

1. 고들빼기는 다듬어서 소금물에 1~2일 담가 쓴맛을 우려낸다.
2. 쓴맛을 우려낸 고들빼기를 여러 번 헹궈 소쿠리에 건져 물기를 제거한다.
3. 찹쌀밥과 홍고추, 생강, 표고버섯젓갈, 호박즙을 넣어 믹서에 간다.
4. 갈아준 양념에 고춧가루, 고운고추가루를 섞어 다시 양념장을 완성한다.
5. 양념장에 고들빼기를 버무려준 후 다시 하루 동안 숙성시킨다.
6. 통깨와 천일염을 넣어 추가 간을 한 후 완성한다.

Tip

고들빼기는 뿌리까지 통째 소금물에 우려서 쓴 맛을 없앤 다음 나물이나 김치로 이용해야 한다. 고들빼기는 자연산과 재배용으로 구별할 수 있다. 자연산은 7일 정도 소금물에 담가 쓴맛을 빼야 하는데, 요즘에는 자연산보다는 재배용을 더 구하기 쉽다. 재배용은 1~2일 정도면 쓴맛을 뺄 수가 있다.
고들빼기김치는 갖은 양념과 짙은 젓국에 버무려 담그는 남도 지방의 토속김치로 유명하다. 사찰에서는 표고버섯젓갈을 이용해 깊은 맛을 내서 먹는데, 젓갈을 싫어하는 사람들도 즐겨 먹을 수 있다.

김치의 기본

오이소박이

오이 5개, 천일염 ½컵, 미나리 ⅓줌
양념장 : 찹쌀풀(물 ½컵, 찹쌀가루 1큰술), 고춧가루 ⅓컵, 홍고추 3개
　　　　생강 1쪽, 표고버섯젓갈 1큰술

1. 오이는 굵은 소금으로 문질러 깨끗이 씻고 미나리는 5cm 길이로 잘라준다.
2. 오이의 양끝을 썰어내고 5cm 길이로 토막 낸 뒤, 끝부분 1cm를 남기고 열십자 모양으로 깊숙이 칼집을 넣는다.
3. 냄비에 천일염 ⅛컵과 물 1컵을 넣고 팔팔 끓여 절임 소금물을 만들어, 칼집을 낸 오이에 부어 30분 정도 절여준 뒤 씻어 물기를 빼준다.
4. 홍고추와 생강을 믹서에 간 뒤, 찹쌀풀, 미나리는 섞어서 양념장을 만든다.
5. 만들어진 양념장을 절여진 오이 사이사이에 버무려 오이소박이를 완성한다.
6. 완성한 오이소박이를 용기에 담아 바로 김치냉장고에 넣어준다.

Tip

오이소박이는 백오이로 담는다. 꽃소금으로 문질러 깨끗이 씻고서 양끝의 꼭지를 잘라내고, 길이로 2등분 또는 3등분 하여 한쪽 끝을 조금 남기고 열십자 모양으로 잘라주는 것이 오이소박이의 특징이다. 오이소박이는 젓갈이 많이 들어가지 않는다. 그래서 사찰에서도 즐겨 담가 먹는 김치인데 젓갈 대신 소금으로만 버무리기도 한다.
오이를 3~4토막 내지 말고 열십자로 자르고 나서 통으로 그냥 담가 먹어도 또 다른 맛을 느낄 수 있다.

사찰식 김치

가을에 담아 겨울까지

호박물김치

총각무 2단, 소금 ½컵
당근 약간, 대추 5알, 청고추 3개, 홍고추 3개, 생강 1쪽, 삭힌 고추 10개
양념물 : 단호박 ¼쪽, 호박즙 1컵, 고추씨물 2ℓ (고추씨 ½컵+물 2ℓ)
         소금 약간, 생강청 1컵

1. 총각무는 씻어 소금 ½컵에 물을 자작자작하게 만든 후 3~4일 삭혀준 뒤 씻어 물기를 뺀다.
2. 절여진 총각무는 먹기 좋게 무청과 함께 묶어준다.
3. 단호박은 껍질을 벗긴 후 찜기에 쪄서 체에 내리고, 호박즙과 함께 고추씨 물에 섞은 후 하루 동안 삭혀 고운 망에 걸러 물만 준비한다.
4. 당근은 꽃 모양으로 자르고 청고추, 홍고추는 어슷하게 썬다.
5. 대추는 곱게 채 썰고 삭힌 고추는 꼭지를 손질한다.
6. 용기에 총각무를 넣고 삭힌 고추와 당근, 청고추, 홍고추, 단호박 고추씨물을 넣어 완성한다.
7. 먹기 전에 호박물김치를 담고 대추채를 올려 완성한다.

Tip

예전에는 늙은 호박을 사용해 김치를 담갔지만 요즘 사찰에서는 젊은 세대의 취향에 맞춰 단호박을 이용하는데 아주 인기가 좋다. 고추씨를 물과 함께 끓여 매콤한 맛을 내준 것이 포인트다. 호박의 단맛과 고추씨의 매콤한 맛이 어우러져 입맛을 잡아주고 여름에 손님 접대용으로 좋은 김치이다. 죽이나 별미 밥에 곁들이면 더욱 맛있게 먹을 수 있다

라면 먹고 싶다

섞박지

무 큰 것 2개, 소금 ½컵, 사과즙 2컵, 꿀 ½큰술
양념장 : 홍고추 5개, 고춧가루 ½컵, 다진 생강 1큰술, 찐 감자 1개
　　　　표고버섯젓갈 2큰술, 생강청 1컵

1. 무를 큼직하게 잘라 깨끗이 씻어 물기를 없애고 소금을 뿌려 절인 뒤 씻지 말고 건진다. 이때 소금물을 버리지 말고 따로 보관한다.
2. 절인 무를 사과즙과 꿀에 섞어 2시간 정도 다시 담가준다.
3. 홍고추와 찐 감자, 표고버섯젓갈, 무 절인 물 1컵을 넣어 믹서에 갈아 양념장을 만든다.
4. 사과즙에 담가 놓은 무에 양념장을 버무려 완성한다.

Tip

섞박지는 만든 즉시 김치냉장고에 넣어 4~5일 보관하고 다시 꺼내어 실온에서 하루 동안 익히고 다시 김치냉장고에 넣으면 제 맛을 낼 수가 있다. 무김치를 담가 실온에서 먼저 보관하는 경우가 있다. 이렇게 되면 국물부터 익게 되어 깊은 맛을 느낄 수가 없다. 하지만 냉장고에 바로 넣어 4~5일 숙성시키고 실온에서 1일 동안 삭혀주는 식으로 보관하면 토굴에서 가지고 나온 듯한 깊은 맛을 집에서도 즐길 수가 있다.
요즘엔 무를 절일 때 사이다를 넣어주는 경우도 있다. 그 이유는 무김치에 설탕을 넣으면 무김치에 걸쭉한 액이 생기고 깔끔한 맛이 나지 않기 때문이다. 이럴 때 사과즙을 이용하면 맛도 잡아주고 단맛을 느낄 수가 있다.

사찰식 김치

이번 김장은 내가

포기김치

배추 5포기, 천일염 3컵
무 1개, 갓 1단, 미나리 1단, 청고추 20개, 홍고추 20개
양념장 : 찹쌀풀 2컵(찹쌀가루 2큰술+물 2컵), 채수 2컵, 다진 생강 ½컵
고춧가루 5컵, 표고버섯젓갈 1컵, 설탕·소금·통깨 약간

1. 배추는 겉잎을 떼고 2등분 하여 큰 그릇에 차곡차곡 담은 후 물 10컵에 소금 1컵의 비율로 소금물을 만들어 잠길 정도로 붓는다. 24시간 절인 후 여러 번 물에 헹궈 물기를 뺀다.
2. 무는 굵게 채 썰고 미나리, 갓은 5cm 길이로 썬다. 청고추, 홍고추는 씨를 제거하고 곱게 채 썬다.
3. 고춧가루에 동량의 물과 설탕을 넣어 곱게 갠 다음 다진 양념과 표고버섯젓갈을 넣어 고추양념을 만든다.
4. 먼저 무채를 고추양념으로 빨갛게 버무린 후 푸른 야채를 넣어 소금으로 간을 맞춘다.
5. 절인 배춧잎 사이사이에 소를 고르게 퍼 넣고 겉잎으로 잘 싸주면 된다.

Tip

김장철에 담는 포기김치와 일반김치가 똑 같은 줄 아는 분들이 많다. 하지만 김장철에 담는 포기김치는 배추에서부터 차이가 있다. 여름배추와 겨울배추는 수분은 물론, 배추의 깊은 맛에 차이가 있다. 부재료에서도 차이가 나는데, 일반김치는 속 재료가 무 정도지만 김장김치에는 미나리, 갓 등 여러 부재료가 많이 들어가서 깊은 맛을 내준다.
묵으면 묵을수록 더욱 깊은 맛이 나는 김장김치는 예로부터 겨울철 우리 가정의 중요한 먹을거리이자 재산이었다.

총각무 한 입 깨물고
총각무간장초절임

총각무 1단(약 1kg), 천일염 1컵, 청고추 3개, 홍고추 2개
양념장 : 간장 1컵, 조선간장 1컵, 채수 2컵, 생강청 ½컵, 사과 ½개
고추씨 1큰술, 흑설탕시럽 1컵, 표고버섯젓갈 2큰술

1. 총각무는 씻어 소금에 절여준다.
2. 절여진 총각무는 씻어 한가닥씩 1주 정도만 말려준 뒤 먹기 좋은 크기로 자른다.
3. 청고추, 홍고추는 원형으로 썰어준다.
4. 양념장을 만든 후 체에 한 번 걸러준다.
5. 총각무와 청고추, 홍고추를 용기에 담고 다시 한 번 양념장을 끓여준 뒤 바로 용기에 붓고 뚜껑을 닫는다.
6. 2~3일 후에 양념 국물만 따라 다시 끓인 뒤 식혀서 부어준다.

Tip

총각무를 선택할 때는 무청이 파랗고 알이 단단하면서 심이 없는 것이 좋다. 또 무청 달린 쪽으로 갈수록 모양이 점점 굵어지는 것을 고르면 맛있는 총각무를 고를 수가 있다. 총각무에 잎이 달린 느르박이무(무의 한 종류)중 껍질이 얇은 것을 사용한다. 알이 작고 단단하며 무청이 파랗고 싱싱한 것이 총각김치나 총각무 장아찌용으로 좋다. 총각무 장아찌는 이북의 전통 향토음식으로 장아찌를 담글 때 소금에 절였다가 그늘에서 한 번 말려서 수분을 빼주면 더욱 아삭하고 쫄깃한 맛을 느낄 수가 있다.
총각무와 알타리무를 헷갈릴 수가 있는데 총각무와 알타리무는 크기와 굵기에서 차이가 난다. 무청의 굵기가 차이가 있으니 무청을 살펴보면 충분히 구별할 수 있다.

아삭아삭 매콤매콤
오이절임김치

백오이 10개, 천일염 1컵, 물 2ℓ
양념장 : 고추장 2컵, 고운 고춧가루 1컵, 조선간장 ½컵, 조청 1컵
　　　　채수 1컵, 표고버섯젓갈 ½컵

1. 천일염을 물 2ℓ에 넣고 소금이 녹을 때까지 끓여준다.
2. 백오이를 만들어진 소금물에 하루 동안 절인 뒤 씻어 그늘에서 5~7일 꾸둑꾸둑하게 말려준다.
3. 양념장을 만든다.
4. 양념장에 말려준 오이를 버무린다.
5. 양념장에 버무린 오이는 냉장고에 넣어 한 달 정도 숙성시켜야 맛이 좋다.

Tip

오이절임김치는 장아찌라고도 할 수 있고 김치라고도 할 수 있는데, 옛날 사찰에서는 저장음식으로 장아찌와 소금과 고추장이 많이 들어간 김치를 담가서 먹었다.
양념장에 버무린 오이는 한 달 정도 숙성시키는 것이 좋은데, 오이에 물이 생기면 덜 절이고 덜 말렸기 때문이다. 양념장에 물이 생기지 않도록 잘 말려야 하고 송송 썰어서 통깨, 참기름을 넣어 무쳐서 갓 지은 뜨거운 밥에 올려먹으면 최고의 밥반찬이다.

진정한 사찰의 향기

고수겉절이

고수 1단(약 300g)
양념 : 표고버섯젓갈 1큰술, 진간장 2큰술, 고춧가루 ½큰술, 들기름 약간
통깨 약간, 다진청고추 1개분, 다진 홍고추 1개분

1. 고수는 뿌리까지 흐르는 물에서 여러 번 행군다.
2. 다진 청고추와 홍고추를 이용해 양념장을 만든다.
3. 고수는 길이가 긴 것을 손으로 자르고 가닥가닥 뜯어준다.
4. 양푼에 양념장을 넣고 먹기 전에 빠른 시간에 버무려 완성한다.

사찰식 김치

Tip

고수겉절이를 처음 먹는 사람은 냄새 때문에 먹기 싫어하는 경우가 많다. 하지만 한 번 이 맛에 빠지면 고소하다고 해서 고수라고 부른다는 말이 있다. 처음 먹는 사람들은 아주 약한 소금물을 타서 뿌리 쪽을 담가 하룻밤을 그냥 놓으면 소금물 때문에 향이 적게 나고 더욱 아삭한 맛을 느낄 수 있다. 또 쌈을 싸먹어도 아주 색다른 맛을 느낄 수 있다.
고수의 잎과 줄기는 특이한 향 때문에 향신료로 쓰며 열매는 한방에서 건위, 거담, 고혈압 약재로 쓴다. 황해도, 평안도 지방과 사찰에서 많이 담가 먹는다.

아이도 잘 먹어요

사과물김치

사과 4개, 청고추 4개, 홍고추 2개
미나리 1줌, 말린 새송이 2개분, 사과식초 2큰술
김치국물 : 물 2ℓ, 소금 1큰술, 표고버섯젓갈 2큰술, 생강청 1컵
　　　　　고추씨 2큰술, 매실청 2큰술, 배즙 1컵

1. 물 2ℓ에 고추씨를 넣고 한 번 끓인 뒤 체에 걸러서 식힌다.
2. 사과는 먹기 좋은 크기로 잘라 씨를 제거하고 사과식초를 뿌려 갈변을 막아준다.
3. 말린 새송이는 물에 불려서 아주 곱게 채 썬다.
4. 청고추, 홍고추는 어슷 썰고 미나리는 5cm 길이로 잘라준다.
5. 만들어 놓은 고추씨 물에 표고버섯젓갈, 생강청, 매실청, 배즙, 소금을 넣어 김치 국물을 만든다.
6. 김치 국물에 사과, 홍고추, 청고추, 미나리, 채 썬 새송이를 넣고나서 하루 정도 숙성시켜 완성한다.

Tip

사과물김치는 아주 개운한 맛이 특징이며 죽, 칼국수, 비빔밥 등에 잘 어울리는 색다른 김치로 어른 아이 누구나 다 좋아하는 김치다. 사과는 종류가 여러 가지가 있는데 초여름에 나오는 풋사과로 담그면 아삭한 맛을 느낄 수 있고, 홍로와 부사가 대중적인데 초가을엔 홍로로 김치를 담그면 시큼한 맛이 입맛을 잡아주는 효과가 있다. 부사는 단맛이 탁월해서 단맛을 내는 재료를 덜 넣어도 된다.

밥에 물 말아서

참외고추장절임

딱딱한 참외 10개(3kg), 천일염 1컵, 물 3ℓ, 말린 연잎 1장
양념장 1 : 조선간장 2ℓ, 설탕 10컵
양념장 2 : 진간장 ½컵, 고추장 2컵, 고운고추가루 1컵, 조청 1컵, 채수 1컵
　　　　　 표고버섯젓갈 ½컵, 물엿 ½컵

1. 물 3ℓ에 천일염과 연잎을 넣고 끓여주다 연잎을 건져낸 후 소금이 녹을 때까지 끓인다.
2. 참외는 반으로 잘라 씨를 제거하고 만들어진 소금물에 하루 동안 절인 뒤 씻어 그늘에서 5~7일 꾸둑꾸둑하게 말린다.
3. 양념장 1을 만든 후 참외를 넣어 2~3주 정도 무거운 것으로 눌러 간장물을 들인다.
4. 다시 이 참외를 5~7일 정도 꾸둑꾸둑하게 말린다.
5. 양념장2를 만들어 말린 참외를 버무린다.
6. 양념장에 버무린 오이는 냉장고에 넣어 한 달 정도 숙성시켜야 맛이 좋다.

Tip

*양념장에 버무린 참외는 한 달 정도 숙성시켜 주는 것이 좋고, 양념장 1을 넣어서 색이 예쁘게 나오게 잘 절여야 한다. 두 번의 양념장을 만들어야 하는 번거로움이 있지만 통깨, 참기름을 넣고 무쳐서 갓 지은 뜨거운 밥에 올려 먹으면 최고의 음식이다.

*참외 절임 김치를 담글 때는 조선간장의 짠 정도를 파악해야 한다. 집집마다 조선간장의 짠 정도가 다르므로 많이 짜다고 느껴지면 채수를 넣어 섞어주어야 한다. 참외장아찌를 담글 때는 참외가 맛이 없더라도 무르지 않고 단단한 것으로 골라야 한다. 일반적으로 사찰식이 아니라면 간장양념장에 양파를 몇 개 넣어서 함께 절여주면 참외의 맛과 양파의 단맛이 어우러져 아주 기막힌 맛이 난다.

정 영 실

서울보건대학 어문학계열 관광영어통역학과 졸업
(주)현대아산 금강산 사업부 근무
현)사찰음식연구소 공양간 연구반 회원
　　사찰음식연구소 강사

현대아산의 금강산 사업부에 근무하면서 북한의 사찰음식과 북한의 종교에 대해 접하고 현재까지 연구를 계속하는 계기가 되었다. 북한에 대한 정보와 접근이 쉽지 않은 현실 때문에 연구에 많은 어려움이 따르지만, 북한의 사찰음식과 향토음식을 복원하고 알리는 일에 힘쓰고 있다.

Part 6

북한의 사찰음식

북한에는 사찰은 있지만 신도가 없고 남북이 분단된 상태라 현재는 북한의 사찰음식을 접하기는 쉽지 않다. 북한의 사찰음식은 이북 지방의 향토음식 특성과 사찰음식의 고유한 특성이 결합한 자연음식이라 할 수 있는데, 북한 사찰음식의 원형을 제대로 살필 수 없음이 안타깝다. 여기서는 전해오는 문헌을 통한 고증과 북한 향토음식에 대한 연구를 통해 복원한 북한 사찰음식의 일부를 소개한다.

향기가 코와 입으로

송이버섯찌개

송이 4개, 오이 ½개, 청·홍고추 1개씩, 두부 ¼쪽, 생강 약간
국물 : 다시마 (5×5cm) 1장, 무 50g, 고운 고춧가루 약간, 고추장 ½큰술
　　　조선간장 1큰술, 녹차소금약간

1. 우선 다시마와 무를 넣고 끓여주다가 고운 고춧가루와 고추장을 넣어 국물을 만든다. 이 때 다시마는 건져서 곱게 채 썰어 고명으로 사용한다.
2. 송이는 편으로 썬다.
3. 오이와 청·홍고추는 어슷하게 썬다.
4. 생강은 아주 얇게 편으로 썬다.
5. 두부는 손가락 굵기로 썬다.
6. 국물을 끓이면서 오이와 두부를 넣고 조선간장, 녹차소금으로 간을 해준다.
7. 송이와 청·홍고추를 넣어 한 번 더 끓인 후 다시마 고명을 넣어 완성한다.

Tip

송이는 아주 귀한 농산물로 가을의 대표적인 보양 식재료다. 요즘엔 북한산 송이도 쉽게 구할 수가 있지만 가격이 비싸서 특별한 날에만 먹을 수 있을 정도이다. 하지만 가을에 한 번쯤은 가을의 맛을 느끼기 위해 송이 요리를 한다면, 다른 양념 없이 개운한 국물 맛의 송이찌개를 끓여 먹는 방법과 그냥 구워서 참기름 소금에 찍어먹는 방법을 추천하고 싶다. 먹고 남은 송이는 신문지에 싸서 냉동실에 잘 보관하면 오랫동안 싱싱한 맛을 그대로 느낄 수 있다.

김치찌개에 딱!

늙은호박김치

늙은 호박 1kg, 미나리 50g, 청고추 1개, 홍고추 1개, 통깨 약간
양념장 : 찹쌀풀 ½컵, 고춧가루 ½컵, 고운고춧가루 1큰술, 소금 3큰술
　　　　꿀 1큰술, 표고버섯젓갈 2큰술, 생강즙 약간

1. 껍질을 벗긴 호박은 5mm 두께로 썬 뒤 소금을 뿌린다.
2. 미나리는 씻어 3cm 길이로 썰어주고, 청·홍고추는 어슷하게 썰어준다.
3. 찹쌀풀과 표고버섯젓갈을 곱게 간 뒤 양념재료와 함께 양념장을 만든다.
4. 절여진 호박을 씻지 말고 미나리와 청고추, 홍고추를 섞은 뒤 양념장을 넣어 버무린다.
5. 마지막으로 통깨를 뿌려 완성한다.

Tip

늙은 호박과 김장하고 남은 배추 우거지, 무청을 절였다가 고춧가루와 젓갈로 버무려 담그는 황해도식 허드레 김치다. 호박김치에는 젓갈이 들어가야 빨리 삭혀져서 아주 맛이 좋은데, 사찰에서 무슨 젓갈이 있겠는가 하겠지만 표고버섯으로 만든 젓갈을 이용하면 늙은 호박김치가 숙성이 아주 잘 돼 깊은 맛을 느낄 수가 있다. 호박지는 겨울철 김치찌개용으로 아주 좋은데 호박을 절였다가 담가서 익힌 김치로 찌개를 해도 호박이 물컹하지 않고 오히려 아삭한 맛이 있다. 북한에서는 구황작물로 이용하는 먹을거리가 풍부한 만큼 애호박보다는 양이 많고 영양이 풍부한 늙은 호박을 다양한 음식으로 사용해왔다.

북한의 사찰음식

소풍을 떠나자

연잎밥

연잎 1장, 잡곡 300g(약 1컵 반 정도 찹쌀을 섞은 것으로)
밤 2~3개, 대추 2~3개, 은행 4~5개, 햇콩 1큰술, 우엉 5cm
녹차소금 약간, 식용유 약간, 식초 약간

1. 여러 가지 잡곡에 찹쌀을 섞어 미리 1시간 전에 불려준다.
2. 대추는 씨를 빼고 한입 크기로 자르고 밤도 한입 크기로 잘라준다.
3. 우엉은 작은 깍두기 모양으로 자르고 은행은 팬에 볶아준다.
4. 불린 쌀에 소금을 넣어 밥을 미리 해 놓는다.
5. 미리 한 밥을 연잎에 올리고 밤, 대추, 은행, 콩, 우엉을 넣어 찜솥에 넣어 10분 정도 쪄준다.

Tip

연 요리는 남한에만 있는 것은 아니고 연잎 쌈이나 연잎 밥처럼 북한에서도 연을 이용한 사찰음식이 다양하게 전해져 오고 있다. 연잎 밥은 다양한 견과류와 곡류를 이용한 건강 음식으로 대표적인 사찰음식이다.

들기름 향기가 솔솔
호박오가리나물

호박오가리 1줌, 조선간장 1큰술
표고버섯물 ½컵(표고버섯가루 1작은술, 물 ½컵), 죽염 약간
들기름 1큰술, 고운 들깨가루 1작은술, 들깨가루 ½큰술

1. 호박오가리는 물에 30분 정도 담가 불려준다.
2. 불린 호박오가리는 뜨거운 물에 데쳐서 냉수에 바로 헹궈 물기를 꼭 짜준다. 이렇게 하면 잡냄새가 없어진다. 잡냄새를 없애주려면 쌀뜨물에 담가두면 더 좋다.
3. 호박오가리에 조선간장으로 밑간을 한다.
4. 표고버섯물에 들깨가루를 섞어서 볶고 있는 호박오가리에 넣어 부들부들하게 만들어준다.
5. 국물이 자작자작해지면 죽염으로 기호에 따라 추가 간을 해 주고, 들깨를 넣어 한 번 더 볶아서 완성한다.

Tip

호박오가리는 애호박이나 늙은 호박으로 만드는 방법이 있는데, 나물로 만드는 오가리는 애 호박으로 만들어준다. 대보름날 반찬으로 호박오가리를 먹는 풍습이 있는데, 이것은 겨울에 부족하기 쉬운 비타민을 공급하기 위해 생겨난 풍습으로 북한에서는 호박오가리를 겨울철에 아주 즐겨 먹는다.

더덕이 고추 옷을 입다
풋고추더덕김치

풋고추 20개, 더덕 5개, 무 100g, 청고추 2개, 홍고추 2개, 소금 1큰술
김치국물 : 물 5컵, 찹쌀풀 ½컵, 배즙 ½컵, 소금 약간, 생강청 1컵
배실청 1큰술, 표고버섯젓갈 1큰술

1. 풋고추는 배를 갈라 소금물에 살짝 절인다.
2. 더덕은 곱게 채 썰어 소금물에 절여 쓴맛을 뺀다.
3. 무와 청고추, 홍고추도 아주 가늘게 채 썰어 각각 소금에 살짝 절여준다.
4. 김치 국물을 만든다.
5. 절여진 더덕, 무, 청고추, 홍고추를 버무려서 소를 만든다.
6. 만들어진 소를 절인 고추에 넣고 김치 국물을 부어서 완성한다.

Tip

풋고추 더덕김치는 더덕의 영양을 그대로 먹을 수 있게 만든 김치로, 씹을수록 고추의 아삭한 맛과 더덕의 쌉쌀한 맛이 어우러져 색다른 맛을 느낄 수가 있다. 산삼보다 낫다는 더덕은 산에서 나는 고기라하여 옛날부터 강원도 이북 지방에서 많이 먹었던 북한의 대표적인 식재료이다. 더덕은 인삼과 달리 찬 기운을 지니고 있어 몸이 뜨거운 사람은 반찬과 김치 등 다양하게 요리해 먹으면 좋다.

이것이 진정 강원도의 힘

감자막가리떡

감자 10개, 팥 1컵, 녹차소금 약간

1. 감자를 강판에 갈아서 뚜껑이 있는 통에 넣어 윗물은 버리고, 시원한 냉수에 담가 서늘한 곳에서 하룻밤을 재워준다.
2. 하룻밤을 재우고서 웃물은 버리고 밑의 건더기와 녹말은 거즈에 밭쳐 짠다.
3. 팥은 한번 삶아 첫 번째 물은 버리고 다시 한 번 삶아 건져준다.
4. 감자건지와 거즈에 밭쳐 짠 녹말, 삶은 팥에 소금을 넣고 반죽한다.
5. 먹기 좋은 크기로 주먹으로 눌러서 모양을 만든다.
6. 찜기에 10~15분 정도 속이 보이도록 투명해질 때까지 쪄 주면 완성이다.

Tip

막가리라는 말은 감자가 많이 나오는 함경도 지역에서 감자를 막 갈아서 해 먹는 음식이라 하여 붙여진 말이다. 만들기는 약간 어려워도 집에서 만들어 먹으면 좋은 건강식이다. 생각보다 맛이 깔끔하고 담백하다. 감자는 변색이 잘되므로 강판에 갈고 나서 공기와 접하지 않게 두는 것이 중요하며 녹말이 가라앉으면 윗물은 버리고 반죽을 바로 하는 것이 좋다.

밥 두 공기는 기본

곤드레장아찌

말린 곤드레나물 100g, 통깨 약간, 홍고추 1개, 참기름 약간
조림장 : 다시마국물 1컵, 간장 3큰술, 조선간장 1큰술, 표고버섯젓갈 1큰술, 물엿 1큰술
고추기름 ½큰술, 흑생강청 ½컵(흑설탕 ½컵, 청주 1컵, 생강 1톨)

1. 말린 취나물은 미지근한 물에 1시간 정도 불린 후 뜨거운 물에 한번 데쳐낸다.
2. 냄비에 고추기름을 뺀 재료로 조림장을 만든다.
3. 홍고추는 아주 가늘게 채 썬다.
4. 조림장에 곤드레 나물과 홍고추 채를 넣고 중불에서 국물이 자작해질 때까지 졸인다.
5. 조림장이 자작해지면 고추기름과 참기름을 넣고 통깨를 뿌려 마무리한다.

Tip

곤드레는 어린잎과 줄기를 식용으로 먹는다. 데쳐서 우려내어 나물, 국거리, 볶음용으로 이용하였으며 죽이나 밥으로도 해 먹는 맛 좋은 산채나물로 무기질, 비타민 등 각종 영양소를 함유하고 있다. 강원도 이북 쪽에서 많이 먹었고 곤드레를 데쳐낸 물까지도 약으로 이용이 가능하며 빈궁기에는 구황식물로 먹었던 유용한 산채나물이라 할 수 있다.

북한의 사찰음식

색다른 나물의 맛

가지구운나물

가지 4개, 들기름 적당량, 소금 약간, 찹쌀가루 약간
들깨 1큰술, 다진 청·홍고추 1개분씩
양념장 : 채수 1컵, 물엿 1큰술, 조선간장 4큰술, 표고버섯 2큰술

1. 가지는 편으로 잘라 소금에 살짝 절여서 채반에 널어 하루 동안 말려준다.
2. 양념장을 만든다.
3. 말린 가지에 수분을 살짝 준 뒤 찹쌀가루를 솔솔 뿌려준다.
4. 달구어진 팬에 들기름을 뿌리고 양념장을 붓으로 발라주면서 구워준다.
5. 들깨가루와 다진 청·홍고추를 솔솔 뿌려서 완성한다.

Tip

가지 구운 나물은 가지를 꾸둑꾸둑하게 말려서 찹쌀을 뿌려 구워먹는 특별한 별미나물이다. 찹쌀가루를 묻혀서 튀김을 해주면 손쉽게 만들 수 있는 별미 부각이 된다. 씹으면 씹을수록 쫄깃하면서 들깨가루의 고소함이 함께 느껴진다. 가을철에 만들어 겨울에 먹으면 고기 씹는 맛처럼 색다른 맛을 느낄 수가 있다.

북한의 사찰음식

버섯이 돌에서 자라다

석이버섯송편

찹쌀가루 2컵, 석이버섯 2큰술, 소금 약간, 참기름 약간
소 : 대추 5알, 갈색 설탕 5큰술, 밤 5알

1. 대추는 채를 썰어 아주 곱게 다진다.
2. 밤은 쪄서 뜨거울 때 곱게 체에 내린다.
3. 대추와 밤을 흑설탕에 섞어서 소를 만든다.
4. 석이버섯을 물에 불린 뒤 곱게 채 썰어 프라이팬에 볶고 믹서에 간다.
5. 찹쌀가루와 석이버섯, 소금을 함께 체에 내린다.
6. 미지근한 물로 체에 내린 가루를 익반죽 한다.
7. 한입 크기의 석이버섯 반죽에 소를 집어넣고 송편을 만든다.
8. 김이 오른 찜기에 7~10분 정도 찐다.
9. 찐 송편을 참기름을 발라 완성한다.

Tip

석이버섯은 깊은 산 속의 바위 표면에 발생하는 이끼의 일종으로 석이과에 속하는 버섯이다. 지금 우리나라에서는 많이 사라지고 구하기 어려운 고급 재료지만 북한의 깊은 산에는 아직도 석이버섯이 많다고 한다. 마치 바위에 붙은 귀 같다고 해서 석이(石耳)라고 부른다. 석이는 다양한 요리로 활용이 가능한데, 향이 좋고 속을 깨끗하고 시원하게 만들어주는 건강 식재료라 할 수 있다.

할머니의 손맛

수수부꾸미

찹쌀가루 ½컵, 수수가루 1컵
죽염 약간, 식용유 적당량, 대추 4알
소 : 팥 2컵, 설탕 ½컵, 소금 약간

1. 팥은 소금을 넣고 삶은 후 첫 번째 물은 버리고 팥에 물의 양이 두 배가 되도록 넣은 후 설탕을 넣고 은근한 불에서 졸여 소를 완성한다.
2. 대추는 씨를 제거하고 돌려깎기 해서 말아 꽃모양을 만든다.
3. 찹쌀가루와 수수가루, 죽염을 넣어 체에 한 번 내린다.
4. 체에 내린 가루를 약간 걸쭉하게 미지근한 물로 익반죽 한다.
5. 달구어진 팬에 크게 한 국자 부어준 후 앞뒤로 노릇노릇하게 굽는다. 팥소를 가운데 넣고 반으로 접어서 다시 양면을 굽는다.
6. 완성된 수수부꾸미에 대추 꽃을 올려 완성한다.

Tip

수수부꾸미는 옛날 먹을 것이 없었을 때 수수가루를 내려놓았다가 팥도 없이 철판에 구워 먹었던 추억 속의 간식이다. 수수가 일반 쌀보다 거칠고 맛이 없으며 화려하지도 않고 그냥 그렇다고 해서 수수라고 하듯이 부꾸미도 세련된 떡은 아니다. 부꾸미는 전병의 일종으로 찹쌀가루, 차수수가루, 밀가루, 녹두가루 등의 재료로 둥글납작하게 빚어 지지다가 여기에 여러 종류의 소를 넣어 반달모양이 되게 접어서 지진 떡이다. 부꾸미의 모양과 크기는 여러 종류이며, 안에 넣는 소는 대부분 견과류나 팥고물을 사용한다.

부드러움이 함께 해요

배추선

배추 잎 8장, 두부 ½모, 표고 2장, 청고추 1개, 홍고추 1개
밀가루 1큰술, 미나리 2줌, 소금 약간
양념 : 조선간장 ½큰술, 흰후추 약간, 참기름 약간, 통깨 약간
국물 : 채수 4컵, 조선간장 2큰술, 소금 약간, 산초가루 약간
초간장 : 조선간장 1큰술, 생겨자 ⅓작은술, 식초 ½작은술

1. 초간장을 만든다.
2. 배추 잎은 소금물에 절인 뒤 물기를 꼭 짜서 준비한다.
3. 두부는 물기를 꼭 짜서 으깨주고 표고는 불린 후 곱게 채 썬다.
4. 청고추와 홍고추는 곱게 다지고 미나리는 데쳐서 줄기만 준비한다.
5. 그릇에 두부, 표고버섯, 청·홍고추, 양념과 밀가루를 넣고 소를 만든다.
6. 배추 잎 한 장에 한입 크기로 두부소를 만들어 말아준 후 미나리로 묶어준다.
7. 채수로 국물을 만든 후 배추선을 넣고 센불에서 한 번 끓여준다.
8. 끓여진 배추선을 건져서 초간장과 함께 완성한다.

Tip

배추선은 배추 잎으로 만든 만두라고 생각하면 된다. 하지만 국물도 함께 있어서 완탕이라고 할 수도 있다. 배추의 시원한 맛과 두부와 야채의 고소한 맛을 그대로 느낄 수 있어서 겨울철에 손님접대용으로 강력히 추천하는 요리이다.

매운맛의 중독
매운고추야채전

청고추 5개, 청양고추 5개, 당근 1/5쪽, 팽이버섯 1줌
메밀가루 2큰술, 녹말가루 1큰술, 소금 약간, 맛기름 약간
양념장 : 삭힌 고추 3개, 조선간장 5큰술, 생와사비 1작은술

1. 청고추와 청양고추는 씨까지 약간의 입자가 있게 곱게 다진다.
2. 당근과 팽이버섯은 송송 다져준다.
3. 삭힌 고추를 다져서 양념장을 만든다.
4. 다져 놓은 고추와 야채 그리고 메밀가루, 녹말가루, 소금을 섞어 반죽을 한다.
5. 달구어진 팬에 한입 크기로 부쳐준다.
6. 와사비 양념장과 함께 완성한다.

Tip

매운맛을 내는 캡사이신 성분은 식욕증진, 장내 살균작용, 보온효과 등 약리작용이 있어 인체의 신진대사를 돕는다. 추운 지방에서는 민간요법으로 겨울철 먼 길을 떠날 때 발가락을 고추로 감싸 동상을 방지하였다고 한다. 그래서 이북에서는 고추를 식재료로 자주 활용하는데, 매운 고추 야채전은 평안도 지방에서 많이 만들어 먹던 음식이다.

통일되면 꼭 먹어봐야지

개성물경단

찹쌀가루 1컵, 설탕 ½큰술, 소금 약간
계피 10cm, 흑설탕 2큰술, 꿀 1큰술, 소금 약간
국물 : 생강 1톨, 물 5컵
고명 : 잣 약간, 대추채 약간

1. 찹쌀가루는 설탕과 소금을 약간 넣어 미지근한 물로 익반죽 한다.
2. 계피는 씻어서 물에 불려 먹기 좋은 크기로 잘라준다.
3. 생강은 얇게 편으로 잘라 계피, 물과 함께 넣고 끓인다.
4. 끓여진 물에서 계피를 건져내고 흑설탕과 꿀, 소금을 넣어 간을 한 후 차게 식혀준다.
5. 찹쌀가루는 알사탕만한 크기로 잘라 완자를 만들어 뜨거운 물에 데쳐 냉수에 헹궈 건진다.
6. 만들어진 계피 물에 찹쌀완자를 넣고 잣과 대추채를 올려 완성한다.

Tip

개성물경단은 어떻게 보면 수정과 같기도 하지만 찹쌀완자가 들어 있어서 식전의 애피타이저와 식후 디저트로도 손색이 없는 음식이다. 찹쌀완자 대신 고구마를 넣어도 좋고, 마를 이용해도 아주 맛이 좋은 건강식이다.

소나무의 향기가 솔솔
이깔나무버섯볶음

**이깔나무 버섯 2줌, 청고추 2개
당근 50g, 검정깨 약간, 녹차소금 약간, 들기름 약간**

1. 이깔나무 버섯은 뜨거운 물에 녹차소금을 넣고 데친 후 냉수에 헹궈 물기를 꼭 짜준다.
2. 물기를 짠 이깔나물 버섯에 녹차소금으로 밑간을 한다.
3. 청고추는 씨를 제거하고 아주 가늘게 채 썬다.
4. 당근도 아주 가늘게 채 썰고 냉수에 헹궈 색을 빼준다.
5. 달구어진 팬에 들기름을 넣고 이깔나무 버섯을 볶아주다 당근과 청고추를 넣고 볶는다.
6. 마지막에 검정깨를 넣어 완성한다.

Tip

이깔나무의 원래 이름은 잎갈나무인데 보통 이깔나무라고 부른다. 소나무과 교목인데 함경북도 지방에서 많이 자라며 이깔나무에 기생하는 버섯을 이깔나무 버섯이라고 한다. 싸리버섯의 씹는 맛과 비슷하며 향이 아주 은은한 색다른 버섯이다.

이쁘게 만들어 이쁜 딸 낳자고
취송편

쌀가루 2컵, 데친 개미취 1줌(약 50g), 꿀 1큰술, 동부팥 1컵
꿀 1큰술, 소금·참기름 약간씩

1. 동부는 물에 담가 불려서 껍질을 벗긴 다음 찜통에 찌고, 뜨거울 때 체에 내려서 꿀과 소금을 넣고 섞어 식은 후 밤톨만 하게 뭉쳐준다.
2. 쌀가루에 데친 개미취를 아주 곱게 다져서 반죽을 한다.
3. 반죽이 매끈해지면 젖은 면 보자기로 덮어 놓고 달걀 크기만 하게 떼어 동그랗게 만든다.
4. 반죽 가운데 구멍을 파고 속을 넣은 다음 주머 모양으로 주물러 공기를 빼고 작은 럭비공 모양으로 만들어준다.
5. 찜통에 개미취를 깔고 면 보자기에 송편을 올려주고 김이 오른 통 위에 올려 약 20분 정도 찐다.
6. 참기름과 물을 약간 섞어서, 완성된 취송편에 뜨거울 때 바른다

Tip

강원도와 같은 깊은 산에서 자라는 취는 곰취, 개미취, 미역취 등 여러 가지가 있는데 맛과 향이 아주 좋아 입맛을 돋우는데 좋다. 북한에서는 이런 산나물로 떡을 큼직큼직하게 만들어 먹는다.

정 영 정

사찰음식연구소 천연조미료과정 수료
사찰음식연구소 창업연구반 수료
현)사찰음식연구소 공양간 연구반 회원
　 사찰음식연구소 실장
　 엔푸드tv(www.nfood.tv) 운영

진정한 먹거리는 자연에서 찾아야 한다는 신념으로 현재 엔푸드tv(www.nfood.tv)라는 웰빙 건강요리 동영상교육 사이트를 운영하며 자연음식 요리법을 많은 사람들에게 알리려고 노력하고 있다. 천연조미료가 모든 음식 맛의 기본이라 생각하고 다양한 천연 조미료 개발과 보급에 힘쓰고 있다.

Part 7

사찰식 천연조미료

사찰음식을 만드는 기본 법칙 중에, 첫째로 사람의 손이 타지 않은 채소로 맛을 내야 청정(淸淨) 음식이 된다는 것이 있고 둘째로 조미료, 방부제, 고기, 젓갈은 물론 파, 마늘, 달래, 부추, 흥거 등 냄새 나는 오신채(五辛菜)를 사용하지 않아야 한다는 것이 있다. 하지만 이런 법칙을 따르자면 가정에서는 음식의 맛을 내기가 어려운 것이 사실이다. 이러한 고민은 여기서 소개하는 사찰식 천연조미료로 끝낼 수가 있다. 가정에서 손쉽게 만들 수 있는 사찰식 천연조미료로 맛있는 건강 사찰음식을 만들어 보자.

진정한 조미료의 기본

맛기름

식물성 기름 5컵
야채 : 고추 1개, 양파 약간, 진피 1개분, 말린 사과 ¼개분, 말린 새송이버섯 1개분

1. 고추는 씨를 제거하고 양파는 껍질을 벗겨 겉만 준비한다.
2. 기름 3컵을 모든 야채와 함께 약불에서 볶아준다.
3. 기름이 살짝 끓어오르면 기름 2컵을 넣고 약불에서 끓인다.
4. 기름이 끓어오르면 불을 끄고 식혀준다.

Tip

맛 기름은 식물성 기름을 사용해야 하는 데 이때 무색, 무미, 무향이어야 한다. 맛 기름을 만들 때 홍고추나 표고가 들어가면 안 좋다. 빨간색 물과 갈색 물이 나와서 맛 기름의 활용도가 떨어진다. 맛 기름은 실온에서 3개월 정도 보관이 가능하다.

사찰식 천연조미료

느타리버섯볶음

느타리버섯 2줌, 청고추 1개, 홍고추 1개, 양파 약간
맛 기름 약간, 녹차소금 약간, 통깨 약간

1. 느타리버섯은 뜨거운 물에 데쳐서 물기를 꼭 짜준다.
2. 청고추와 홍고추는 씨를 제거하고 곱게 채 썬다.
3. 양파는 곱게 채 썬다.
4. 데친 느타리버섯은 녹차소금으로 밑간을 해준다.
5. 달구어진 팬에 맛 기름을 넣고 느타리버섯과 야채를 넣고 볶아준다.
6. 통깨로 마무리 한다.

조선간장의 변화

맛간장

조선간장 4컵, 조청 1컵, 다시마물 1컵(다시마 5×5cm 1장, 물 1컵), 사과 ½개
말린 새송이버섯 2개, 표고버섯 1개, 감초 3~5개, 대추 3알
흑설탕시럽 1컵(흑설탕 ½컵, 물 1컵), 풋고추 2개, 생강청 1½컵

1. 조선간장에 조청과 흑설탕시럽을 뺀 나머지 재료를 넣고, 센불에서 끓인 뒤 약불로 줄여서 ⅓만 줄여준다. 이때 대추와 풋고추는 씨를 빼 주어야 한다.
2. 한 번 끓어오르기 시작하면 다시마는 건진다.
3. ⅓정도로 줄어든 맛 간장을 체에 걸러준다.
4. 생강청과 흑설탕시럽을 넣어 한 번 다시 센 불에서 끓인다.
5. 한소끔 식으면 병에 넣어 보관한다.

사찰식 천연조미료

감자조림

감자 2~3개, 풋고추 1개, 홍고추 1개, 맛 기름 약간, 통깨 약간
양념장 : 맛 간장 3큰술, 후추 약간, 고추기름 약간, 쌀뜨물 1컵

1. 감자는 껍질을 제거해 냉수에 담가 전분을 뺀 후 먹기 좋게 썬다.
2. 청고추, 홍고추는 송송 썬다.
3. 잘라 둔 감자는 맛 기름에 볶아준다.
4. 맛 기름에 볶아준 감자를 맛 간장과 쌀뜨물을 섞어 살짝 졸여준다.
5. 국물이 자작해지면 고추기름을 약간만 넣어 한 번 더 볶아주고 후추와 청·홍고추, 통깨로 마무리 하여 완성한다.

이건 소금이 아니야

녹차소금

굵은 소금 5컵, 녹차가루 1큰술

1. 굵은 소금은 흐르는 물에 한 번 헹궈준다.
2. 달구어진 팬에서 소금을 볶아준다.
3. 믹서에 갈아준다.
4. 소금이 식으면 녹차가루를 넣어 녹차 소금을 완성한다.

사찰식

천연조미료

두부양념구이

두부 1모, 녹차소금 약간, 맛 기름 약간
양념장 : 조선간장 5큰술, 청고추 1개, 홍고추 1개, 양파 ½개, 통깨 약간

1. 두부는 1cm 두께로 자른다.
2. 달구어진 팬에 구워준다.
3. 양념장을 만든다.
4. 한입 크기로 잘라 양념장과 함께 먹는다.

잠이 오지 않을 때 한 잔

생강청

생강 50g, 청주 300cc, 조청 2큰술, 시럽(물 1컵, 설탕 1컵)
진피 청주 : 청주 200cc, 진피 1개분

1. 생강은 껍질을 까고 아주 얇게 편으로 썬다.
2. 시럽을 만든다.
3. 진피청주를 만든다.
4. 유리병에 생강과 진피청주를 먼저 넣고 청주와 조청, 시럽을 넣어 3~4일 숙성시킨다.

Tip

생강청은 한 번 만들면 냉장고에서 최소 6개월에서 1년까지도 보관이 가능하다. 생강은 마늘과 달리 전분이 첨가되어 있는데 이것을 굳이 씻을 필요는 없다. 매운맛을 싫어한다면 전분 제거는 필수이다. 생강청은 각종 조림류와 생선구이에 넣으면 좋고 음식을 부드럽게 하고 생선찌개의 잡냄새를 없애준다.

사찰식

천연조미료

두부양념조림

먹고 남은 두부전, 남은 양념장, 생강청 ½컵
풋고추 1개, 홍고추 ½개, 양파 ¼쪽, 당근 아주 약간

1. 풋고추, 홍고추, 양파, 당근을 곱게 채썬다.
2. 먹고 남은 두부전을 달구어진 팬에 고루 펴준다.
3. 두부전에 야채를 고루 펴준 뒤 남은 양념장을 고루 펴준다.
4. 생강청을 자박자박하게 뿌려서 살짝 끓어오르면 불을 꺼주고 접시에 담는다.

생선요리에도 좋아요

녹차청

건조 녹차 20g, 조청 1컵, 청주 5컵
시럽 : 설탕 1컵, 물 1컵

1. 녹차는 흐르는 물에 빠른 시간에 헹궈 준 뒤 물기를 마른 행주로 제거한다.
2. 미지근한 프라이팬에서 녹차를 덖음해준다.
3. 키친타월에 올려 공기 중에서 말려준다.
4. 시럽을 만든다.
5. 준비된 녹차를 세척된 병에 넣고 청주를 부은 뒤 시럽을 붓는다.
6. 청주를 붓고 나서 3~4시간 뒤에 조청을 넣는다.
7. 청주를 부어준 뒤 하루에 한 번 정도 거꾸로 보관한다. 이 과정을 5번 정도 해준 후 냉장보관한다. 하루 정도 지나면 위에 떠오른 녹차가 밑으로 가라앉게 된다.

Tip

7일 후부터 생선요리, 샐러드, 조림에 응용하면 좋고 피곤할 때 냉수에 한 수저씩 타서 먹어도 좋다.

사찰식 / 천연조미료

절편야채샐러드

절편 4~5조각, 쌈야채 1줌, 맛기름 약간
소스 : 녹차청 1~2컵, 다진 홍고추 1큰술, 토마토 식초 2큰술, 맛기름 2큰술

1. 모든 야채를 먹기 좋은 크기로 잘라 물에 담근 뒤 건져준다.
2. 소스를 만든다.
3. 달구어진 팬에 맛 기름을 두르고 절편을 구워준다.
4. 접시에 야채를 담고 절편을 고루 펴서 담아준다.
5. 소스를 뿌려 완성한다.

차로 마셔도 좋은

채수

물 9컵, 다시마(5×5cm) 1장, 말린 표고 1장, 무 100g
말린 새송이버섯 2개, 유부 1장, 고추 1개
양파 ¼쪽, 목이버섯 1장, 조선간장 1큰술

1. 다시마 1장에 물 9잔을 담아서 채수 만들기 30분 전에 다시마물을 만든다.
2. 다시마물에 무만 넣고 센불에서 끓이고 다시마는 건져준다.
3. 다시 이 물에 말린 표고, 말린 새송이 버섯, 유부, 고추, 양파, 목이버섯을 넣고 중불에서 10분간 끓인다.
4. 불을 끈 상태에서 조선간장을 넣어 채수를 완성한다.

Tip

채수는 당일 만들어 당일 사용하는 것이 좋고 육수와 달리 냉동실에 들어가 얼리게 되면 알싸한 맛이 나므로 주의해야 한다. 채수를 만들 때 목이버섯을 넣으면 더욱 시원한 맛이 난다.

도토리수제비

채수 8컵, 조선간장 적당량, 애호박 ½개, 양파 ¼쪽
말린 버섯 약간, 감자 ½개, 당근 약간
반죽 : 도토리가루 2큰술, 우리밀가루 2컵, 녹차소금 약간
양념장 : 조선간장 5큰술, 삭힌 고추 3~4개, 양파 약간

1. 도토리가루와 우리밀가루, 녹차소금을 섞어 반죽을 한다. 이때 검정깨나 참깨, 들깨 등을 넣어 반죽을 완성하면 꼭 알을 씹는듯 하며 고소하다.
2. 애호박, 감자, 양파, 당근을 어슷하게 썬다.
3. 삭힌 고추와 양파를 다져서 양념장을 만든다.
4. 채수를 끓이다가 반죽을 한입 크기로 잘라서 넣고, 국물이 끓어오르면 야채를 넣어 주고 녹차 소금으로 간을 맞춘다.

사찰식 천연조미료

울 엄니가 정말 좋아해요
볶은고추장

표고버섯 1장(소금, 참기름)
말린 버섯 1개분(소금, 참기름)
고추장 5큰술, 매실청 2큰술, 장아찌무 100g, 생강청 3큰술, 참기름 약간

1. 표고와 건조버섯은 불린 후 각각 곱게 다져 유장 처리해준다.
2. 무장아찌는 흐르는 물에 씻어 물기를 꼭 짜준 후 곱게 다진다.
3. 버섯과 무장아찌를 참기름에 볶다가 생강청을 뺀 모든 재료를 넣고 볶아서 수분을 날려준다.
4. 마지막에 생강청을 넣어 완성한다.

Tip

볶은 고추장은 묵은 고추장을 이용하는 요리이면서 약고추장과 같은 맛을 낸다.
볶음, 무침, 조림 등에 다양하게 활용할 수 있다.

메밀비빔국수

메밀면 4인분, 배 ½개, 오이 ½개, 볶은 고추장 4큰술, 치커리 약간
말린 새송이 2개분(참기름, 녹차소금)
신김치 ½포기(참기름 약간, 설탕 약간, 통깨 약간)

1. 신김치는 송송 다져서 참기름, 설탕, 통깨에 무쳐준다.
2. 말린 새송이는 30분 전에 불려서 길게 찢어준 후 참기름과 녹차소금을 유장 처리해 살짝 볶아준다.
3. 배, 오이는 가늘게 채 썰고, 치커리는 씻어 물기를 뺀 뒤 한입 크기로 자른다.
4. 메밀면을 삶아 냉수에 여러 번 헹군 뒤 그릇에 담고, 치커리를 올리고 신김치와 야채를 고루 담고 볶은 고추장을 올려 완성한다.

한 번 먹고 반한

경기도식즙장

말린 총알 새송이 50g, 찐감자 1개분
양념장 : 된장 ½컵, 다진 청양고추 5개분, 표고버섯가루 1작은술, 조선간장 ½컵
　　　　청국장가루 1큰술, 다진 생강 ½큰술, 다진 마늘 1작은술, 청주 ½컵
　　　　조청 1큰술, 호박즙 ½컵

1. 건조 총알 새송이는 즙장 만들기 30분 전에 불려준다.
2. 찐 감자를 호박즙과 함께 믹서에 갈아준다.
3. 갈아준 감자에 된장을 넣고 청주, 조선간장, 표고버섯가루를 섞어 완전히 풀어준 후 끓이기 시작한다.
4. 된장이 끓어오르면 다진 청양고추, 다진 생강, 다진 마늘을 넣어 다시 끓인다.
5. 끓고 있는 된장소스에 불린 총알 새송이를 넣어 국물이 자박할 때까지 끓인다.
6. 마지막에 다진 마늘, 조청, 청국장가루를 넣고 완성한다.

Tip

즙장만 있으면 다른 것은 하나도 필요 없을 정도로 주방에 꼭 필요한 양념이다.
감자 한 개로 된장찌개를 끓이면 우렁 씹는 맛을 그대로 느낄 수가 있고, 상추 한 줌만 가지고 쌈밥을 만들어 먹으면 입맛을 살려준다. 반찬 없을 때 냉장고 안의 상비약이라 할 수 있는 최고의 천연 조미료이다.

감자된장찌개

감자 2개, 두부 ½모, 애호박 ¼개, 즙장 2큰술
홍고추 1개, 물 4컵(다시마 1장), 녹차소금 약간

1. 감자는 껍질을 벗겨 큼직하게 썰고 두부는 한입 크기로 자른다.
2. 애호박은 부채모양으로 썰어주고 홍고추는 어슷하게 썬다.
3. 다시마물에 감자를 넣고 먼저 끓이다 즙장을 넣고 한 번 더 끓여주고, 마지막에 두부와 홍고추를 넣고 녹차소금으로 기호에 따라 간을 한다.

우유와 함께

토마토식초

익지 않은 파란 토마토 10개, 방아 잎 2~3장, 양조식초 적당량

1. 파란 토마토는 씻어 물기를 뺀 후 꼭지를 제거하고 6~8조각으로 잘라준다.
2. 이렇게 자른 토마토를 병에 넣는다.
3. 토마토가 담긴 병에 양조식초를 채우고, 방아 잎을 마지막에 넣고 밀봉한다.

Tip

토마토식초는 밀봉하고 난 뒤 한 달이면 숙성되어 맛있는 식초로 이용할 수 있다. 토마토식초를 다 먹은 다음에는 한 번 더 식초를 붓고 2달 동안 숙성시키면 다시 이용할 수 있다.

당면(쌀국수)샐러드

당면 또는 쌀국수 2줌, 오이 ½개, 청고추 2개, 홍고추 1개, 느타리버섯 1줌
단무지 약간, 치커리 약간
소스 : 다진 청고추 1개분, 다진 홍고추 1개분, 레몬즙 약간, 토마토식초 2큰술
　　　표고버섯젓갈 ½큰술, 포도씨유 1큰술, 참기름 1작은술, 소금 약간, 설탕 약간

1. 당면이나 쌀국수는 물에 불려준다.
2. 느타리버섯은 데쳐서 가늘게 찢어준 후 소금으로 밑간을 해준다.
3. 치커리는 한입 크기로 잘라 물 속에 담가준다.
4. 오이는 돌려깎기 해 채 썬다.
5. 청고추, 홍고추는 곱게 채 썰어 냉수에 헹궈 준다.
6. 단무지는 곱게 채 썰어 냉수에 헹궈 설탕, 식초로 밑간을 해준다.
7. 소스를 만든다.
8. 접시에 모든 야채를 고루 담고 가운데에 치커리를 깔고 면을 담아준 후 소스를 뿌려 완성한다.

코 끝에 사과향이

사과식초

풋사과 10개, 양조식초 적당량

1. 풋사과는 씻어 물기를 완전히 제거하고 6토막으로 잘라준다.
2. 토막을 낸 풋사과는 가운데 씨를 제거해준다.
3. 이렇게 잘라준 사과를 병에 넣는다.
4. 토마토가 담긴 병에 양조식초로 채워주고 밀봉해 완성한다.

Tip

사과식초는 밀봉해서 한 달 있으면 숙성이 되어 맛있는 식초로 이용할 수 있다. 사과식초는 아오리라고 하는 풋사과와 홍옥이라고 하는 새콤한 사과로 식초를 담글 수 있다. 풋사과는 사과의 은근한 향과 개운한 맛을 느낄 수 있고, 홍옥으로 담근 식초는 새콤달콤한 맛이 첨가되어 아주 미묘한 맛이 난다. 아침에 일어나 시원한 냉수에 한 잔 희석해 마시면 좋다.

사찰식요플레

사과식초 8큰술, 식초 담은 사과 1조각, 우유 2컵, 꿀 적당량

1. 사과 식초에 담갔던 사과는 믹서에 갈아준다.
2. 우유 ½컵에 사과 갈은 것과 사과식초 2큰술을 천천히 섞어준다.
3. 기호에 따라 꿀을 적당량 섞어 먹는다.

사찰식 천연조미료

살 안찌는 마요네즈가 왔다

두유마요네즈

**두유 100ml, 포도씨유 100ml, 소금 약간, 레몬즙 1큰술
기호에 따라 향신료나 설탕 또는 꿀**

1. 믹서기에 두유를 넣고 기름을 한 수저씩 넣어 가면서 갈아준다.
2. 기름을 4회에 나누어 넣으면서 갈아준다.
3. 기름을 다 넣으면 이때 레몬즙과 소금을 넣고 다시 갈아준다.
4. 냉장고에 1시간 정도 보관한 후 완성한다. 냉장고에 오래 보관하면 되직해진다.
5. 기호에 따라 겨자가루나 방아가루 등을 넣어도 맛이 좋다.

Tip

두유와 포도씨유를 이용해서 만든 사찰식 마요네즈라고 생각하면 된다. 다이어트식과 건강식으로 이용이 간편하기 때문에 과일 드레싱으로 아주 잘 어울리고, 빵에 발라먹어도 크림치즈 같은 맛을 내주어 여러모로 활용할 수 있는 조미료이다.

두부카나페

**구운 두부 8조각, 느타리버섯 1줌, 홍고추 1개, 청고추 1개
맛기름 약간, 녹차소금 약간, 흑임자 약간
소스 : 두유 마요네즈 2큰술, 양파 ¼쪽, 흰 후추 약간**

1. 느타리버섯은 데쳐서 가늘게 찢어 준 후 녹차소금으로 밑간을 한다.
2. 청고추, 홍고추는 곱게 채 썰어 냉수에 헹궈 준 후 느타리버섯과 함께 볶아준다.
3. 소스를 만든다.
4. 두부를 한 입 크기로 자른 후 느타리버섯 볶음을 조금씩 올려주고 소스를 뿌린 후 흑임자로 완성한다.

새콤한 맛이 날 사로잡다

사찰식토마토케첩

**익은 토마토 8개, 토마토 식초 ½컵, 황설탕 ½컵, 포도씨 오일 ½컵
방아가루 약간, 녹차소금 약간**

1. 익은 토마토를 열십자로 칼집을 넣어 뜨거운 물에 살짝 넣었다 빼서 껍질을 벗겨준다.
2. 껍질 벗긴 토마토 씨를 제거하고 곱게 다져준다.
3. 달구어진 팬에 포도씨 오일과 녹차소금을 넣고 토마토가 물러질 때 까지 볶아준다.
4. 토마토가 완전히 물러지면 황설탕과 토마토 식초를 넣어준 후 열처리를 한 번 더 해주고 방아가루로 완성한다

Tip

사찰식이 아니면 토마토케첩을 만들 때 마늘을 조금 다져넣어도 좋다. 토마토케첩은 피자를 만들어 먹어도 좋고, 케쉬넛을 갈아서 김치 담글 때 조금씩 고춧가루와 함께 넣으면 김치가 색다른 맛이 난다.

라면스파게티

**라면 면 4인분, 당근 ¼쪽, 청고추 2개, 홍고추 2개, 녹차소금 약간, 맛기름 약간
흰후추 약간, 느타리버섯 2줌, 사찰식 토마토케첩 1컵, 흑임자 약간**

1. 당근, 청고추, 홍고추는 아주 곱게 채 썬다.
2. 채 썬 야채를 달구어진 팬에 각각 볶아주고, 느타리버섯은 데쳐서 가늘게 찢어 준 후 녹차소금으로 밑간을 해 살짝 볶는다.
3. 라면은 면만 삶아서, 헹구지 말고 맛 기름에 살짝 볶아준다.
4. 달군 팬에 라면을 볶다가 야채를 넣고 토마토케첩을 넣어 한 번 더 볶아주고 흑임자를 뿌려 완성한다.

올 여름에는 꼭 만들자
피자두청

피자두 16개, 꿀 1컵
시럽 : 설탕 1컵, 물 1컵

1. 피자두는 세척을 한 다음 껍질을 벗기지 않고 강판에 갈아준다.
2. 시럽을 만든다.
3. 강판에 간 피자두를 넓은 팬에서 은근한 불에 졸여 수분을 날려준다.
4. 수분이 날아간 피자두에 시럽을 섞어 한 번 더 끓여주고 꿀을 첨가해 완성한다.

Tip

피자두청을 만들 때 꼭 주의해야 할 것이 세 가지가 있다.
첫째는 절대로 살만 잘라내어 믹서에 갈면 안 된다는 것이다. 그렇게 되면 섬유질이 끊어져 맛이 없어지게 된다. 둘째, 피자두는 신맛이 강하게 나므로 신맛을 잡으려면 꿀을 첨가하는 것을 잊어서는 안 된다. 셋째, 피자두는 실온에서 발효가 일어날 수 있다. 그러니 꼭 냉장고에 보관하거나 피자두청을 냉동시켜 그때그때 녹여서 사용하면 좋다.

배피클

배 2개, 건고추 1개, 통개피 약간, 방아수잎 2장, 통후추 1작은술, 정향 약간
피클 물 : 물 1컵, 천연 광천수 1컵, 설탕 1컵, 식초 300ml, 녹차소금 1큰술
**　　　　　소주 2큰술, 피자두청 1큰술**

1. 배는 껍질을 벗겨 1cm 두께로 썰어 꽃모양틀로 찍는다.
2. 만들어진 배에 설탕을 솔솔 뿌려준다.
3. 냄비에 식초를 뺀 재료를 넣고 끓이다 설탕이 녹으면 불을 끄고, 식초를 넣은 후 체에 걸러준다.
4. 용기에 배와 나머지 재료, 뜨거운 절임 물을 넣고 뚜껑을 닫는다.
5. 3일 정도 후에 국물만 따라 부어 다시 한 번 끓여주고 식혀서 부어 준 다음 10일 후부터 숙성시켜 먹는다.

조미료 속의 참깨

흑생강청

생강 100g, 흑설탕 1컵
청주 2컵, 소주 100ml, 꿀 1컵

1. 생강은 껍질을 벗겨 편으로 썬 후 냉수에 헹궈 전분 기를 빼준다.
2. 생강의 수분을 제거해준다.
3. 흑설탕과 청주를 넣어 시럽을 만든다.
4. 설탕이 녹을 때쯤 생강을 넣어 완전히 끓인다.
5. 흑생강청이 다 식으면 소주와 꿀을 넣어 완성한다.

Tip

흑생강청은 천연 조미료뿐만 아니라 사이다나 광천수 등에 흑생강청을 타서 칵테일로 이용해도 칼루아(멕시코산 커피와 같은 풍미가 있는 리큐르) 같은 맛이 나기 때문에 색다른 맛을 느낄 수 있다. 약식에는 캐러멜 대신 사용해도 좋고 고기를 잴 때나 장어의 데리야끼소스 대용으로 사용해도 좋다.

백일송이버섯장조림

말린 백일송이버섯 200g, 홍고추 1개, 후춧가루 약간, 조청 ½컵, 통깨 약간
양념장 : 간장 ½컵, 조선간장 ½컵, 다시마 1장, 흑생강청 ½컵

1. 말린 백일송이는 다시마 1장과 함께 미리 1시간 전에 불려서 물기를 꼭 짜준다.
2. 백일송이를 불린 다시마물 1컵을 이용해 다시마와 함께 양념장을 만든다.
3. 만들어진 양념장에 백일송이를 넣고 약불에서 국물이 자작해질 때까지 졸여준다.
4. 홍고추는 씨를 제거하고 아주 가늘게 채 썬다.
5. 자박해진 백일송이 버섯에 채 썬 홍고추와 조청, 통깨, 후추를 넣어 한 번 더 볶아 완성한다.

사찰식 천연조미료

절에도 젓갈은 있다
표고버섯젓갈

생표고 1kg, 천일염 1kg

1. 생표고는 아주 가늘게 채 썬다.
2. 채 썬 생표고에 천일염을 섞어준다.
3. 하루에 한 번씩 뒤집어준다.
4. 이렇게 7일을 반복해주고 병에 담아 밀봉해 1년 동안 숙성시킨다.

Tip
표고버섯 젓갈은 1년이란 시간을 기다리며 숙성시켜야 하는 기다림의 천연조미료이다. 하지만 한 번 만들고 난 뒤에는 김치, 찌개, 조림, 무침 등 어디에서나 사용이 가능한 젓갈이기에 오랜 시간 기다린 보람을 느낀다. 표고버섯젓갈을 담글 때 표고는 최고 상품으로 구입을 해야 젓갈색이 아주 예쁘게 나오고 맑은 젓갈을 뽑을 수 있다.

말린버섯미역국

말린 새송이버섯 1줌, 말린 미역 4인분, 참기름 약간
표고버섯젓갈 1큰술, 녹차소금 약간, 물 8컵, 산초가루 약간

1. 말린 새송이버섯을 30분 전에 불려서 물기를 꼭 짠 뒤 아주 가늘게 찢어준다.
2. 말린 미역은 30분 전에 불려서 세척을 해 물기를 빼준다.
3. 말린 버섯과 미역을 각각 녹차소금으로 밑간을 해준다.
4. 달군 팬에 미역, 말린 버섯을 넣고 각각 참기름에 볶아주다 물을 넣고 표고버섯젓갈로 추가 간을 해준 후 불을 끈다.
5. 불을 끈 상태에서 산초가루를 넣어 완성한다.

사찰식 천연조미료

몸에 약이 되고 음식의 맛을 살리는
사찰식 천연조미료
좀 더 알아보자!

화학조미료와 인공감미료를 전혀 사용하지 않는 사찰에서는 음식 본연의 맛을 살리고 몸에 약이 되는 음식을 만들기 위해 다양한 천연조미료를 만들어 사용한다. 천연조미료는 화학조미료보다 손이 조금 가더라도 천연 재료를 가지고 만들기 때문에 몸에 좋고 믿을 수 있으며, 입맛만 들이면 훨씬 담백하고 깊은 맛을 느낄 수 있다. 천연조미료는 각종 찌개, 전골, 국물, 무침, 조림 등에 폭넓게 사용할 수 있다. 사찰에서 음식을 만들 때 흔히 사용하는 사찰식 천연조미료에 대해 좀 더 알아보자.

표고버섯가루
마른 표고버섯 한 개를 넣는 것보다는 가루를 내어 한 숟가락 넣는 것이 음식의 맛을 더욱 진하게 한다. 끓고 있을 때 넣는 것보나 국물에 표고버섯가루를 완전히 섞어준 후 사용하는 것이 좋다. 기둥은 버리지 말고 따로 모아 두었다가 된장찌개에 넣어도 좋고 장조림 만들 때 사용해도 좋다.

산초가루
말린 산초를 팬에 볶아 믹서에 갈거나 빻아 가루를 내어 사용한다. 산초를 구하기 어려우면 시중에 나와 있는 산초가루를 구입해 이용하는 것이 편리하다. 찌개, 전골 등 국물에 넣으면 맛이 개운하고 시원해서 입맛을 살려준다.

솔잎가루
솔잎은 적송(홍송)과 흑송(해송) 등 잎이 2개 나오는 재래종 조선 솔을 쓰는 것이 좋다.
솔잎을 따서 다듬은 후 소금물에 30분 정도 담가 놓았다가 수분을 완전히 빼 바싹 말린 후 믹서에 갈아 가루를 낸다. 그리고 솔잎가루를 선식에 넣어 먹을 때는 콩가루와 함께 먹어야 된다.

냉이가루
봄에 나오는 냉이를 캐서 말려 두고 가루로 빻아 찌개에 넣어 먹으면 일 년 내내 냉이의 맛과 향을 느낄 수 있다. 국수나 수제비 반죽에 넣어 색을 낼 때 사용해도 좋다. 냉이는 향도 좋지만, 눈을 맑게 하고 간 기능을 좋게 하는 효과가 있다.

흑미가루
흑미가루는 찰흑미를 물에 불렸다가 다시 통풍이 잘되는 곳에서 말려준 다음 방앗간에 가서 가루를 만들면 된다. 다른 곡류나 야채와는 다르게 전분으로 이루어진 쌀이기 때문에 불려주는 것이 중요하다. 흑미가루는 수제비, 떡, 파스타, 전 등에 이용하면 천연의 검정색을 만들 수가 있다. 또 가루 자체로 죽을 만들 수가 있어서 흑미죽을 손쉽게 만들어 먹을 수 있다.

방아가루
방아잎은 깨나물이라고도 하며, 주로 경상도 지방의 사찰에서 요리에 많이 이용한다. 강한 향기가 나므로 잘 말려서 차로 이용할 수 있고, 생잎을 이용하면 생선 비린내를 제거하거나 육류의 냄새를 없애는데 사용할 수 있다. 말리는 방법은 취나물이나 냉이와 같다. 또 살짝 데쳐서 냉동실에 얼려놓으면 향이 좀 떨어지긴 하지만 오랜 시간 동안 두고 먹을 수 있어 좋다.

무가루
예로부터 감기 등 바람 때문에 생기는 질병에는 무가 특효약이었다. 무 껍질에는 비타민 C가 풍부하게 들어 있으므로 벗겨내지 말고 깨끗하게 씻어 사용하는 것이 좋다. 그래서 겨울에 동치미를 담글 때는 껍질을 벗기지 않는다. 무가루는 전골이나 찌개 등 국물 요리에 넣으면 담백하면서 깊은 맛을 내준다. 또한 생강가루를 섞어서 함께 가루를 만들어주면 더욱 칼칼한 맛을 낸다. 무말랭이 만드는 것처럼 말려서 분쇄기에 갈아주면 되는데 한 가지 주의 할 점은 무가루는 공기 중에 오래두면 특특한 향이 나기 때문에 꼭 냉장 보관해야 한다.

들깨가루
주로 나물이나 전골 음식에 이용한다. 나물이나 우엉 등 섬유질이 많은 채소는 들깨즙을 넣어 요리하면 소화가 아주 잘 된다. 들깨가루는 거피한 것과 거피안한 것으로 나눌 수가 있는데 검은 색이 나는 것은 들깨를 통째로 간 것으로 거피하지 않은 것이다. 미숫가루처럼 연한 미색으로 고운 것은 들깨의 껍질(검은 부분)을 벗겨내고 속살만 간 것이다. 나물 무칠 때는 거피 안 한 것을 많이 사용하며 거피한 들깨가루는 수제비나 찌개 등에 주로 사용한다.

우엉가루
우엉 껍질을 벗기고 썰어 물에 담근 다음 잘 건조시켜 가루로 빻는다. 수제비나 된장국 등에 넣어 먹으면 항상 우엉을 곁에 두고 먹을 수 있다. 우엉은 섬유질을 많이 함유하고 있어 잘 끓이거나 달이면 약간 많이 섭취해도 설사할 염려가 없기 때문에 장이 약한 노인의 체력 보충식으로 좋다.

취나물가루
취나물은 향이 좋을 때 사서 찜기에 살짝 찐 다음 직사광선을 피해 바람이 잘 통하는 곳에서 말려준 다음 분쇄기에 갈아주면 된다. 취나물가루는 떡을 만들거나 나물을 무치고 전을 만들 때 이용하면 음식의 맛과 향을 살려준다.

생강가루
자극적인 맛을 내는 오신채(마늘, 부추, 파, 달래, 흥거)를 사용하지 않는 사찰음식에서 생강은 제일 많이 사용하는 향채이다. 쓴 맛, 매운 맛을 내며 김치, 한과류, 음료 등에 많이 사용하고 식욕을 증진시키며 몸을 따뜻하게 하는 작용을 한다.
생강은 믹서에 갈아서 즙을 낸 다음 건더기만 걸러서 물기를 꽉 짜주고 찜기에 살짝 찐 다음 통풍이 잘되는 곳에 말려 고운체 내려주면 된다.

배즙
배즙은 시원한 맛과 단맛을 한 번에 느끼게 해주는 천연조미료로 김치 담글 때나 초고추장, 불고기 만들 때 사용하면 좋다. 배즙을 만들려면 우선, 배의 껍질을 깎은 후 씨를 제거하고 믹서기에 간다. 이 때 배의 당분 정도에 따라 물이 많아지기도 하고 적어지기도 하는데 취향에 따라 꿀물, 설탕물, 생수 등을 섞어주어도 좋다. 바닥이 두꺼운 솥에 올리고 약불에서 은근히 끓여준 후 거즈에 걸러 짜주면 집에서도 손쉽게 배즙을 만들 수 있다.

참깨즙
볶지 않은 참깨를 믹서에 갈아서 사용하는데 들깨 같은 것보다 더 고소하고 담백한 맛을 낸다. 국 끓일 때 마지막에 참깨즙을 넣어주면 국물이 뿌옇게 되고 깊고 부드러운 맛을 내준다.

조청
사찰음식에서는 설탕 대신 조청을 많이 사용한다. 특히 아이들 간식을 만들 때 단맛을 내려면 설탕 대신 조청을 넣어 사용하면 좋다.

말린 귤껍질
귤껍질에는 지방을 분해하고 면역력을 강화시키는 성분이 있다. 귤껍질은 수분을 제거하고 햇빛이나 그늘에 말려 사용한다. 맛간장이나 맛기름을 만들 때 사용하면 귤껍질 속에 들어있는 다량의 비타민 C가 천연 방부제 역할도 해준다. 채를 썰어 말려주면 귤차를 집에서 손쉽게 만들어 먹을 수 있다.

말린 당근
집에서 먹고 남은 당근을 작은 깍두기 모양으로 자른 뒤 찜기에 살짝 쪄서 통풍이 잘되는 곳에서 말려준다. 말린 당근은 분쇄기에 갈아서 가루 내어 전이나 칼국수, 수제비 등에 이용하면 좋다. 또한 말린 당근을 물에 불려서 떡이나 빵을 만들 때 넣으면 쫄깃함을 그대로 느낄 수 있다.

말린 사과
사과를 편으로 잘라 말려주면 아이들 간식으로 떡이나 빵을 만들 때 넣어 상큼한 맛을 낼 수 있고, 맛 간장이나 맛 기름을 만들 때 사용해도 좋다. 또 가을이나 겨울철에 사과차를 끓여 마셔도 좋다. 씨 부분에서 벌레가 생길 수 있으므로 말린 사과는 진공 팩에 보관해 냉장고에 넣어두는 것이 좋다.

말린 고구마(뼈댓기)
잘라서 말린 고구마를 경상도 사투리로 뼈댓기라고 하는데 팥이나 콩, 강낭콩, 밤과 함께 푹 고아서 죽처럼 쑤어 먹으면 겨울철에 정말 맛있는 간식이 되고, 김치 담글 때 이용하면 찹쌀풀보다 더 고소한 맛을 낸다. 호박고구마는 고추장 담글 때 이용하면 설탕을 넣지 않아도 된다.

말린 가지
주로 나물로 많이 만들어 먹는 가지는 남아서 냉장고에 넣어두면 금방 물컹거려 사용할 수가 없다. 이럴 때 편으로 썰어 말려보자. 말린 가지를 물에 불려 놓았다가 찌개나 전골요리에 넣어 먹으면 좋고, 전분가루와 밀가루를 섞어 튀긴 후 새콤달콤한 소스를 첨가하면 바로 돼지고기로 만든 탕수육을 먹는 식감을 느낄 수 있다.

*그 밖의 사찰식 천연조미료

고추씨   도토리가루   메밀가루   메주가루   청국장가루

말린 도토리묵   말린 백일송이버섯   말린 새송이버섯   말린 총알버섯   늙은 호박오가리